나만의 여행을 찾다보면 빛나는 순간을 발견한다.

잠깐 시간을 좀 멈춰봐.
잠깐 일상을 떠나 인생의 추억을 남겨보자.
후회없는 여행이 되도록
순간이 영원하도록
Dreams come true.

Right here.
세상 저 끝까지 가보게

다낭의 변화

다낭은 2023년을 맞이해 다양한 시도를 하고 있다. 다양한 축제들뿐만 아니라 첨단 도시로 가기 위해 기업유치를 하고 있다. 물론 아직 다낭으로 들어가려는 IT 회사들은 많지 않지만 변화는 이제 시작되었다.

골프
관광

다낭의
불꽃 축제

매년 6월에 열리는 불꽃놀이를 한다고 해서 기대를 하지는 않았다. 하지만 올해부터는 불꽃놀이의 규모가 커지면서 볼거리가 많아지고 수준도 상당히 향상되어 사람들은 토요일마다 불꽃놀이를 보기 위해 다낭의 한 강으로 모이고 있다.

철인 3종 경기

미케 비치를 건너 수영을 하고 해안 도로를 따라 자전거를 타고 가면 마지막으로 한 강을 따라 마라톤을 하면서 끝이 난다. 지루하지 않은 코스와 사람들이 기대가 점차 올라가고 있다.

라이더 천국 다낭

서핑족들

New normal

뉴 노멀^{New normal} 이란?

New normal

뉴 노멀 New normal 이란?

흑사병이 창궐하면서 교회의 힘이 약화되면서 중세는 끝이 나고, 르네상스를 주도했던 두 도시, 시에나(왼쪽)와 피렌체(오른쪽)의 경쟁은 피렌체의 승리로 끝이 났다. 뉴 노멀 시대가 도래하면 새로운 시대에 누가 빨리 적응하느냐에 따라 운명을 가르게 된다.

전 세계는 코로나19 전과 후로 나뉜다고 해도 누구나 인정할 만큼 사람들의 생각은 많이 변했다. 이제 코로나 바이러스가 전 세계로 퍼진 상황과 코로나 바이러스를 극복하는 인간의 과정을 새로운 일상으로 받아들여야 하는 뉴 노멀New normal 시대가 왔다.

'뉴 노멀New normal'이란 시대 변화에 따라 과거의 표준이 더 통하지 않고 새로운 가치 표준이 세상의 변화를 주도하는 상태를 뜻하는 단어이다. 2008년 글로벌 금융위기를 겪으면서 세계 최대 채권 운용회사 핌코PIMCO의 최고 경영자 모하마드 엘 에리언Mohamed A. El-Erian이 그의 저서 '새로운 부의 탄생When Markets Collide'에서 저성장, 규제 강화, 소비 위축, 미국 시장의 영향력 감소 등을 위기 이후의 '뉴 노멀New normal' 현상으로 지목하면서 사람들에게 알려졌다.

코로나19는 소비와 생산을 비롯한 모든 경제방식과 사람들의 인식을 재구성하고 있다. 사람 간 접촉을 최소화하는 비대면을 뜻하는 단어인 언택트Untact 문화가 확산하면서 기업, 교육, 의료 업계는 비대면 온라인 서비스를 도입하면서 IT 산업이 급부상하고 있다. 바이러스가 사람간의 접촉을 통해 이루어지므로 사람간의 이동이 제한되면서 항공과 여행은 급제동이 걸리면서 해외로의 이동은 거의 제한되지만 국내 여행을 하면서 스트레스를 풀기도 한다.

소비의 개인화 추세에 따른 제품과 서비스 개발, 협업의 툴, 화상 회의, 넷플릭스 같은 홈 콘텐츠가 우리에게 다가오고 있으며, 문화산업에서도 온라인 콘텐츠 서비스가 성장하고 있다. 기업뿐만 아니라 삶을 살아가는 우리도 언택트Untact에 맞춘 서비스를 활성화하고 뉴 노멀New normal 시대에 대비할 필요가 있다.

뉴 노멀(New Normal) 여행

뉴 노멀New Normal 시대를 맞이하여 코로나 19이후 여행이 없어지는 일은 없지만 새로운 여행 트랜드가 나타나 우리의 여행을 바꿀 것이다. 그렇다면 어떤 여행의 형태가 우리에게 다가올 것인가? 생각해 보자.

■ 장기간의 여행이 가능해진다.

바이러스가 퍼지는 것을 막기 위해 재택근무를 할 수 밖에 없는 상황에 기업들은 재택근무를 대규모로 실시했다. 그리고 필요한 분야에서 가능하다는 사실을 알게 되었다. 재택근무가 가능해진다면 근무방식이 유연해질 수 있다. 미국의 실리콘밸리에서는 필요한 분야에서 오랜 시간 떨어져서 일하면서 근무 장소를 태평양 건너 동남아시아의 발리나 치앙마이에서 일하는 사람들도 있다.

이들은 '한 달 살기'라는 장기간의 여행을 하면서 자신이 원하는 대로 일하고 여행도 한다. 또한 동남아시아는 저렴한 물가와 임대가 가능하여 의식주가 저렴하게 해결할 수 있다. 실리콘밸리의 높은 주거 렌트 비용으로 고통을 받지 않지 않는 새로운 방법이 되기도 했다.

자동차 여행으로 떨어져 이동한다.

유럽 여행을 한다면 대한민국에서 유럽까지 비행기를 통해 이동하게 된다. 유럽 내에서는
기차와 버스를 이용해 여행 도시로 이동하는 경우가 대부분이었지만 공항에서 차량을 렌
트하여 도시와 도시를 이동하면서 여행하는 것이 더 안전하게 된다.

자동차여행은 쉽게 어디로든 이동할 수 있고 렌터카 비용도 기차보다 저렴하다. 기간이 길
면 길수록, 3인 이상일수록 렌터카 비용은 저렴해져 기차나 버스보다 교통비용이 저렴해
진다. 가족여행이나 친구간의 여행은 자동차로 여행하는 것이 더 저렴하고 안전하다.

■ 소도시 여행

여행이 귀한 시절에는 유럽 여행을 떠나면 언제 다시 유럽으로 올지 모르기 때문에 한 번에 유럽 전체를 한 달 이상의 기간으로 떠나 여행루트도 촘촘하게 만들고 비용도 저렴하도록 숙소도 호스텔에서 지내는 것이 일반적이었다. 하지만 여행을 떠나는 빈도가 늘어나면서 유럽을 한 번만 여행하고 모든 것을 다 보고 오겠다는 생각은 달라졌다.

최근에 유럽뿐만 아니라 동남아시아에서도 다양한 음식과 문화를 느껴보기 위해 소도시 여행이 활성화되고 있었는데 뉴 노멀New Normal 시대가 시작한다면 사람들은 대도시보다는 소도시 여행을 선호할 것이다. 특히 동남아시아의 치앙마이, 나트랑, 호이안 등은 소도시로 떠나는 여행자가 증가하고 있었다. 그 현상은 앞으로 증가세가 높을 가능성이 있다.

■ 호캉스를 즐긴다.

싱가포르나 동남아시아로 여행을 떠나는 방식도 좋은 호텔이나 리조트로 떠나고 맛있는 음식을 먹고 나이트 라이프를 즐기는 방식으로 달라지고 있었다. 이런 여행을 '호캉스'라고 부르면서 젊은 여행자들이 짧은 기간 동안 여행지에서 즐기는 방식으로 시작했지만 이제는 세대에 구분 없이 호캉스를 즐기고 있다.

코로나 바이러스로 인해 많은 관광지를 다 보고 돌아오는 여행이 아닌 가고 싶은 관광지와 맛좋은 음식도 중요하다. 이와 더불어 숙소에서 잠만 자고 나오는 것이 아닌 많은 것을 즐길 수 있는 호텔이나 리조트에 머무는 시간이 길어졌다. 심지어는 리조트에서만 3~4일을 머물다가 돌아오기도 한다.

Intro

아시아나 항공 탑승객을 찾습니다'라는 광고가 있다. 이번 영상은 지난 2020년 유튜브 영상 시청 1,200만뷰를 돌파한 '여행이 떠났다'편의 후속작으로 개인적으로 나에게는 감동이었다. 코로나19로 달라진 일상에 적응한 우리의 모습을 마치 여행을 준비하고 있었던 손님들의 모습으로 표현했다. 베트남 다낭은 대한민국 여행자들이 가장 많이 여행을 다녔던 여행지이다. 그런데 엔데믹 시대를 맞이하면서 다낭과 호이안에서 한 달 살기를 하려는 사람들이 늘어나고 있다. 다낭에서 한 달 살기를 하려는 이유는 무엇일까?

베트남 중부에서 가장 큰 도시인 다낭Danang은 아름다운 해변과 오래된 유적지가 많고 여유로운 분위기를 즐길 수 있는 도시이다. 조용한 하노이와 활기차고 분주한 호치민 사이 분위기의 중간이 다낭Danang이다. 매력적인 유적과 그림처럼 아름다운 해변이 많아 점점 인기가 높아지고 있다.

다낭Danang은 오랜 역사를 지닌 곳으로, 곳곳에 옛 시절을 상기시키는 프랑스풍 건축물도 있고 베트남 전쟁 때 군사 기지였던 곳도 있다. 참 박물관에서는 다낭의 더 오래된 고대 역사를 볼 수 있는 수세기 전의 수백 가지 이미지와 유물들이 전시되어 있다. 상징적인 탑도 많은데 특히 화려한 팝람 탑과 풍향계 때문에 수탉이라는 뜻의 '콘가'라고 부른다고 하는 핑크색의 거대한 다낭 대성당이 있다. 다낭에는 한때 프랑스인들이 지은 다리와 미국인들

이 지은 다리 2개 밖에 없었지만, 지금은 베트남 사람들이 직접 설계하여 건설한 자존심인 최초의 다리, 한강다리가 있다.

다낭에는 30km에 달하는 해안선이 펼쳐져 있어 수영, 낚시, 수상스키, 일광욕 등을 즐기기에 좋다. 지금은 다낭 해변의 천국이 된 미케 비치는 베트남 전쟁 당시 미군들이 휴식을 즐기기 위해 자주 찾던 곳이었을 때 '중국 해변'이라 불리기도 했다. 청록색 석호와 바다 사이에 야자수가 늘어서 있는 비치에서 느긋한 여유를 만끽할 수 있다.

다낭 남쪽의 대리석산에 있는 석회암과 대리석으로 구성된 5개의 언덕은 불, 물, 흙, 금속, 나무의 5개 원소에서 이름을 따왔다. 용감한 탐험가들에게 많은 터널, 동굴, 사원 등은 물론 전쟁 유물도 흥미롭게 느껴진다. 대리석산 꼭대기에서 바라보는 풍경은 특히나 장관이다.

Contents

베트남 여행에 꼭 필요한 INFO | *62*

다낭 | *144*

골프 | *322*

대한민국만의 뉴 노멀, 골프 여행
ABOUT 골프
다낭 골프장

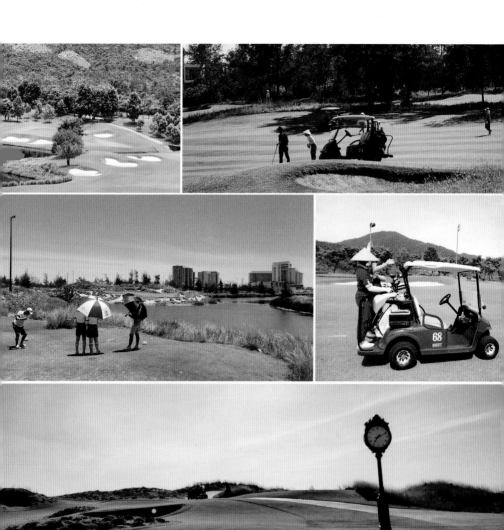

다낭 & 호이안, 후에에서 꼭 해야 할 8가지

▓ 호캉스 즐기기

다낭은 최근에 방콕을 넘어 호캉스의 성지가 되고 있다. 방콕은 도시에서 놀거리, 먹거리 등으로 성지처럼 생각하는 도시지만 물가가 상승하면서 호캉스를 하기에 숙소가격은 많이 상승했다. 다낭은 그 빈자리를 채우고 있다.

다낭은 최근에 호텔이 많이 생겨났기에 호텔의 시설이 깨끗하고 좋지만 가격은 저렴하다. 저렴한 가격에 좋은 시설을 가진 다낭의 호텔과 리조트는 바다를 접하고 있어 더욱 인기가 높아질 것이다.

바다 즐기기

다낭의 비치Beach는 매우 길다. 미케비치는 약10km에 달하는 긴 해변이기 때문에 서핑부터 패러세일링까지 즐길 거리가 계속 늘어나고 있다. 게다가 해변을 따라 있는 다양한 숙소부터 레스토랑, 루프탑 바Bar까지 낮부터 밤까지 지루하지 않게 지낼 수 있다.

▓ 카페 & 바(Bar) 돌아다니기

베트남은 커피 생산량으로 세계2위라고 하는 데, 정말 베트남 사람들은 아침부터 커피를 달고 산다. 게다가 가격도 저렴하다. 관광객이 늘어나면서 커피 관련 카페와 로컬 커피점은 늘어나고 있고 차별화된 카페는 다낭에서 더욱 관심을 받고 있다.
코코넛 커피가 인기를 끌더니 소금커피, 계란 커피도 다낭에서 찾는 관광객이 늘어나고 있다. 젤기가 들어있는 밀크티나 열대 과일을 넣은 망고주스, 코코넛 주스도 쉽게 마실 수 있다.

■ 베트남 & 전 세계 음식 즐기기

베트남에 왔으니 쌀국수부터 중부 지방의 미꽝, 아침에 즐겨먹는 반미까지 베트남에서 2~3일은 베트남 음식만 먹어도 질리지 않는다. 그런데 오래 머무는 장기 여행자들은 베트남 음식뿐만 아니라 대한민국의 음식에 전 세계의 다양한 음식을 즐기고 싶어 한다. 그들에게 안트엉이나 판반동에서 먹을 수 있는 다양한 레스토랑이나 식당은 너무 많다.

▨ 마사지 & 스파 즐기기

마사지는 태국이 유명하지만 최근에는 베트남에서도 태국만큼 마사지를 즐길 수 있다. 오일 마사지부터 태국 마사지를 로컬부터 고급 스파점까지 호사를 즐기지만 가격도 저렴하다. 최근에 늘어나는 마사지점들은 경쟁이 치열해져 가격이 상승하지 않고 실력은 더욱 상승하고 있다.

▥ 드라이브 & 라이딩 천국

다낭은 미케비치가 10㎞에 달하고 후에로 가는 길목에 있는 선짜 반도가 굴곡진 해안을 따라 있어 자동차나 오토바이로 드라이브를 하거나 자전거를 타고 라이딩을 즐기는 현지인과 여행자들이 늘어나고 있다. 특히 새벽부터 자전거를 타는 라이딩족들은 코로나 시기를 거치면서 기하급수적으로 늘어났다.

▍ 다양한 축제

베트남의 수도인 하노이, 경제 수도인 호치민과 달리 중부의 중심도시인 다낭은 관광도시이다. 중부의 대표도시이긴 하지만 살고 있는 면적이나 인구는 작은 편이다. 그래서 관광도시로 성장하기 위해 다양한 축제를 열고 있다. 대표적으로 불꽃축제부터 철인 3종, 골프대회 등의 스포츠 축제까지 이벤트를 통해 다낭을 세계에 알리고 있다.

■ 호이안 & 후에 즐기기

다낭이 지금은 중부의 대표도시이지만 17세기에는 후에Hue가 수도였고 호이안Hoian은 무역도시로 베트남을 대표하고 있었다. 그래서 호이안Hoian과 후에Hue에는 베트남만이 가진 옛 분위기를 즐길 수 있다. 대한민국의 한 달 살기를 위해 찾기도 하지만 유럽의 장기여행자들은 호이안과 후에에서 베트남의 옛 분위기에서 머물고 싶어 한다.

ABOUT
베트남

Vietnam

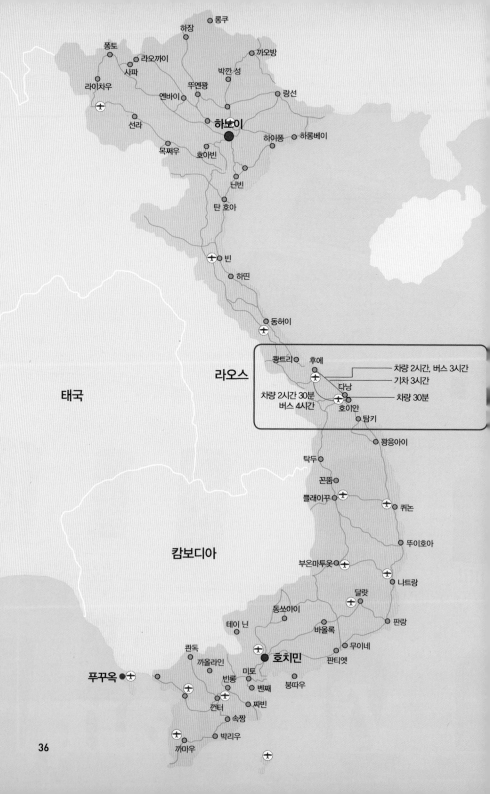

롱쿠
하장
풍토
라오까이
사파
박깐 성
까오방
라이차우
뚜옌꽝
엔바이
랑선
선라
하노이
목쩌우
호아빈
하이퐁
하롱베이
닌빈
탄 호아
빈
하띤
동허이
콴트리
후에
차량 2시간, 버스 3시간
라오스
기차 3시간
다낭
태국
차량 2시간 30분
버스 4시간
호이안
차량 30분
탐키
꽝응아이
탁두
꼰뚬
뻴래이꾸
퀴논
뚜이호아
부온마투옷
캄보디아
나트랑
달랏
판랑
동쏘아이
테이 닌
바올록
무이네
콴독
판티엣
까올라인
호치민
푸꾸옥
미토
빈롱
껀터
붕따우
벤쩨
찌빈
속짱
박리우
까마우

36

한눈에 보는 베트남

북쪽으로는 중국, 서쪽으로는 라오스, 캄보디아와 국경을 맞대고 있다. 베트남 남쪽에는
메콩 강이 흘러내려와 태평양으로 빠져나간다.

▶ **국명** | 베트남 사회주의 공화국
▶ **인구** | 약 8,700만 명
▶ **면적** | 약 33만㎢(한반도의 약1.5배)
▶ **수도** | 하노이
▶ **종교** | 불교, 천주교, 까오다이교
▶ **화폐** | 동(D)
▶ **언어** | 베트남어

빨간 바탕에 금색 별이 그려져 있다고 해서 금성홍기라고
한다. 빨강은 혁명의 피와 조국의 정신을 나타낸다. 별의 다
섯 개 모서리는 각각 노동자, 농민, 지식인, 군인, 젊은이를
상징한다.

베트남인

대부분 우리나라 사람들과 비슷하게 생겼다. 하지만 베트남은 55개 민족이 모여 사는 다민
족 사회이기 때문에 사람들마다 피부색이나 체격이 조금씩 차이가 난다.
베트남은 영어 알파벳 'S'를 닮았다. 폭은 좁고 남북으로 길게 쭉 뻗어 있다. 베트남인들은
대부분 북부와 남부, 두 지역에 모여 살고 있다. 북쪽에는 홍 강, 남쪽에는 메콩 강이 있고,
두 강이 만든 넓은 평야가 펼쳐져 있다. 중간에는 안남 산맥이 남북으로 길게 뻗어 있다.

베트남 남부 사계절

다낭, 호이안, 후에는 베트남 중부에 위치하고 있다. 베트남 중부이지만 베트남 남부의 몬
순 기후와 비슷한 특징을 보인다. 몬순 기후는 계절풍이 불어 1년 동안 건기와 우기로 구분
되는 기후이다.

다낭의 겨울인 12~2월까지 기온이 20~25도를 보이는 데 대한민국의 초여름이나 초가을
과 비슷하다. 이때가 건기이고 서늘한 날씨로 관광객이 가장 좋아하는 계절이다.

다낭 사계절

여름은 25~34도 사이로 대한민국의 여름과 비슷하지만 더 덥다고 생각하면 된다. 다낭의 날씨에서 가장 중요한 것은 건기와 우기의 구별이다. 다낭의 우기는 9~12월까지이다. 8월 말부터 비가 자주오기 시작하면서 우기가 시작된다. 우기에는 스콜과 같이 비가 오기 때문에 매일 비가 오는 것은 아니다.

건기에는 날씨가 맑고 기온이 높아 휴양을 즐기기 좋은 계절이다. 건기가 시작되는 1월에는 날씨가 선선하여 해수욕을 즐기기에 쌀쌀할 수 있다. 2월부터 기온이 올라가는 데 3~4월이 기온이 23~28도로 가장 관광과 휴양을 즐기기에 적당하다.

베트남 여행에서 반드시 알아야할 간단한 상식

▓ 외적의 침략을 꿋꿋이 이겨 낸 나라 베트남

20세기에 프랑스와 미국 같은 강대
국들과 맞서 끝내 승리를 거둔 베트
남은 그 이전에도 중국 등 여러 나
라의 침략과 간섭에 시달렸고, 때로
는 수백 년 동안 지배를 받기도 했
다. 그렇지만 그들은 똘똘 뭉쳐 중국
의 지배에서 벗어났고, 19세기까지
독립을 지켜냈다. 그래서 베트남 인
들은 자기 나라 역사를 매우 자랑스
러워한다.

▨ 외세에 굴복하지 않은 저항의 역사

베트남의 역사는 기원전 200년경 지금의 베트남 북동부 지역에 남월이라는 나라가 세워지면서 시작되었다. 그러나 기원전 100~1,100년 동안 중국의 지배를 받았다.

10세기 경 독립 전쟁을 일으켜 중국의 지배에서 벗어난 뒤, 900여 년 동안 중국의 거듭된 침략을 물리치고 발전했다. 19세기 말에 프랑스의 식민지가 된 뒤, 베트남 인들은 호치민을 중심으로 단합하여 미국마저 몰아내고 1974년에 마침내 하나의 베트남을 만들었다.

전쟁으로 모든 것이 파괴되어 버린 베트남은 한동안 차근차근 경제를 발전시켰다. 지금은 동남아시아에서 가장 빠르게 성장하고 있는 나라로 손꼽히고 있다.

■ 설을 쇠는 베트남

음력 정월 초하루에 쇠는 설이 베트남의 가장 큰 명절이다. 이날 베트남의 가정에서는 크리스마스 트리와 같이 나무에 흙이나 종이로 만든 잉어나 말, 여러 가지 물건을 달아 장식한다. 그리고 일가친척이나 선생님, 이웃들을 방문해 서로 덕담을 나누고 복을 기원하며 어린이들에게는 세뱃돈을 준다. 설날의 첫 방문자는 그해의 행운을 가져다준다고 믿어서 높은 관리나 돈 많은 사람을 초대하기도 하는데, 첫 방문자는 조상신을 모신 제례 상에 향불을 피우고 덕담을 한다.

▤ 무한한 가능성을 지닌 젊은 나라

베트남 개방이후 '새롭게 바꾼다'라는 뜻의 '도이머이 정책'을 펼치면서 외국 기업을 받아들이고 투자도 받았다. 앞선 기술을 배우려고 애쓰면서 끈기와 부지런함으로 경제 발전을 이루고 있다.

베트남은 사회주의 국가이기는 하지만 오늘날 해외의 자본과 기술을 받아들이고 경제 발전을 위해 노력하고 있다. 1986년부터 베트남식 경제 개혁 정책인 '도이머이'정책을 펴서 이웃 나라들과 활발히 교류하고 있고 2006년에 세계 무역 기구(WTO)에도 가입했다.

■ 사회활동이 활발한 베트남 여성들

베트남 여성들은 생활력이 강하고, 사회 활동이 활발한 편이다. 그 이유는 베트남이 오랜 전쟁을 겪는 동안 전쟁터에 나간 남성들 대신에 여성들이 가정을 꾸리고 자녀들을 교육시키는 등 집안의 모든 일을 맡아서 했기 때문이다. 베트남에서는 정부나 단체 등의 높은 자리에 여성들이 많이 진출해 있다. 대표적으로는 1992년에 국가 부주석을 지내고 1997년에 재당선된 구엔 티 빈 여사가 있다. 또한 베트남은 국회에서 여성 의원이 차지하는 비율이 20%가 넘는다.

베트남에는 '베트남 여성 동맹'이라는 여성 단체가 있는데, 이 단체는 여성의 권리와 이익을 보호하는 데 앞장서는 단체이다. 또한 여성을 돕기 위한 기금을 조성해, 사업을 하려는 여성들에게 돈을 빌려 주고 있다. 이렇게 베트남 여성들은 여러 분야에서 활발히 활동하고 있고 점점 더 활동 폭을 넓혀가고 있다.

▥ 베트남 여인의 상징, 아오자이

'긴 옷'이라는 뜻을 갖고 있는 아오자이는 베트남 여성들이 각종 행사 때나 교복, 제복으로 많이 입는 의상이다. 긴 윗도리와 품이 넉넉한 바지로 이루어진 아오자이는 중국의 전통 의상을 베트남 식으로 바꾼 것이다. 아오자이를 단정하게 차려입은 베트남 여성의 모습은 무척 아름답다.

ABOUT
다낭

Da Nang

■ 다낭의 변화

18세기까지도 다낭은 호이안의 배후 도시에 지나지 않았다. 조선술이 발달해 선박을 크게 건조하면서 수심이 깊어 큰 배가 드나들기 쉬운 다낭으로 해상무역의 중심이 옮겨왔고, 이후 베트남 중부 지역을 대표하는 도시로 발전하기 시작했다. '큰 강의 입구'라는 뜻을 가진 도시 다낭, 지금 다낭은 베트남 최고의 휴양도시로 변화 중이다.

다낭의 개념잡기

한 강Song Han을 사이에 두고 손짜 반도와 시가지로 나뉜다. 손짜 반도에는 미케 비치가 있고, 해안을 따라 고급 리조트가 늘어서 있다. 도둑·마약·성매매가 없는 도시로 만들겠다는 정부의 의지 때문인지 베트남의 다른 어느 지역보다도 안전하고 조용한 분위기를 만끽할 수 있다.

다낭의 조망

해가 진 후, 밝은 네온 조명이 켜진 다리에 다시 찾아오면 다리의 그림자가 어두운 수면 위에 비쳐 어른거린다. 저녁 늦게 다리 옆에는 네온사인이 빛나는 아름다운 모습을 구경할 수 있다. 한 밤중에 몇 시간 동안 배가 지나갈 수 있다.

다낭의 다리들

2013년에 용 다리가 새로 건설되었지만 한 강ᴴᵃⁿ ᴿⁱᵛᵉʳ 다리는 여전히 도시와 해안가 사이를 오가는 주민과 관광객의 중요한 관문 역할을 하고 있다. 다리의 동쪽으로 잠깐만 차를 달리면 팜반동 해변의 부드러운 모래와 따뜻한 푸른 바다가 펼쳐진다. 도시적인 즐거움을 찾는다면 다낭의 중심가로 가면 쇼핑과 다양한 즐거움을 경험할 수 있다.

다낭 & 후에, 호이안에 끌리는 6가지 이유

▣ 대세 관광지

베트남은 이제 관광대국으로 유명해지고 있다. 다낭을 선두로 나트랑, 달랏, 푸꾸옥 등 많은 장소들이 유명하지만 아직은 다낭을 따라올 관광지는 별로 없다. 순수한 사람들과 자연이 있는 다낭의 시내와 미케 비치 등을 관광객들은 원하고 있다.

몇 년 전부터 새롭게 떠오르는 새로운 베트남의 천연 관광지인 다낭으로 사람들은 발길을 옮기더니 이제는 대세 관광지로 입지를 굳히고 있다.

▓ 아직은 순박한 사람들

다낭으로 여행 온 관광객들은 번잡함을 잊고 조용히 지내고 싶은 여행자들이 많다. 하지만
일본 등의 관광지는 사람들이 많이 다녀왔기 때문에 식상해졌다. 하지만 다낭의 아름다운
비치부터 번잡한 시내, 새로이 뜨는 빈펄랜드 등 조용한 여행과 화려한 관광지가 섞여 있
는 다낭의 관광지에 빠져 들게 된다.

친절한 사람들

현지 사람들과의 교감이 생기면 다낭 여행은 더욱 재미있어진다. 다낭은 불교, 유교 등이 섞여있는 독특한 장소이기도 하다. 다낭 사람들은 대한민국의 관광객에게 상당히 친절하고 호의적이다. 밤에도 길을 잃어버려도 찾아주는 친절함이 다낭을 더욱 밝혀주고 있다.

▓ 안전한 다낭, 호이안, 후에

아직 순수한 사람들이 사는 곳이 다낭이기 때문에 당연히 안전하다. 다낭 여행을 하다보면 안전에 민감해지는 장소도 있지만 다낭은 밤길도 두렵지 않다. 대부분 길을 따라 숙박업소들이 운영 중이기 때문에 외진 장소의 숙박 장소도 많지 않다.

▌ 다양한 즐거움이 있다.

다낭은 관광지이자 휴양지로 성장하고 있다. 다낭 여행이 처음에는 걱정이 될 수는 있지만 다낭이 떠오르는 이유는 다른 장소에서 즐길 수 있는 다양한 해양 엑티비티를 비롯해 수많은 즐거움이 있기에 떠오르고 있는 것이다.
도시여행과 휴양을 동시에 즐길 수 있는 지역은 동남아시아에서도 찾기가 쉽지 않다. 만들어진 즐거움이 아니라 순순한 즐거움이 당신을 빠져들게 할 것이다.

편리한 여행서비스

다낭은 베트남의 중부 지역에 속해 있어 대부분의 엑티비티와 투어는 숙소에서 예약을 하고 기다리면 숙소로 데리러 오기 때문에 너무 편리하다. 어디서든 투어와 엑티비티의 예약이 가능하고 쉽게 예약이 가능하므로 편리하다. 또한 숙소와 레스토랑에서 편리한 인터넷 연결이 어디든 가능하다.

다낭 & 호이안, 후에 여행 잘하는 방법

▨ 공항에서 숙소까지 가는 이동경비의 흥정이 중요하다.

어느 도시가 되도 도착하면 해당 도시의 지도를 얻기 위해 관광안내소를 찾는 것이 좋다. 하지만 다낭^{Da nang}은 더 중요한 것이 항공기의 시간이다. 다낭^{Da nang}을 운항하고 있는 항공의 대부분은 밤늦게 도착하기 때문에 관광안내소에는 아무도 없으므로 공항에서 나오면 숙소로 이동하는 것이 중요하다. 베트남 항공은 낮에 도착하기 때문에 문제는 발생하지 않으나 항공비용이 더 비싸다. 그런데 숙소까지 이동하는 것이 대중교통은 없고 택시를 타야 하기 때문에 바가지를 쓰지 않고 가는 것이 중요하다. 만약에 일행이 있다면 나누어서 택시비를 계산하면 되지만 혼자 온 여행자는 비용이 부담스러울 수도 있으니 흥정을 잘해야 한다. 차량공유 서비스인 그랩^{Grab}을 사용하여 이동하는 것도 좋은 방법이다. 택시와 그랩^{Grab}이 경쟁하면서 다낭^{Da nang}은 택시로 인해 바가지를 쓰는 경우가 많이 없어지고 있다. 다행히 다낭은 공항에서 다낭 시내까지 거리가 멀지 않아서 그랩^{Grab}이든 택시를 타도 100,000동 정도면 충분하다.

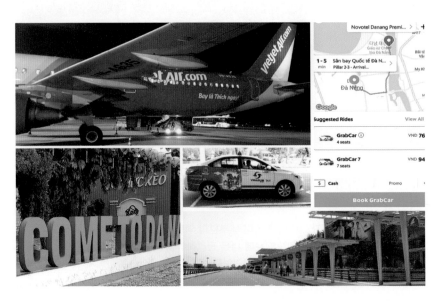

■ 심카드나 무제한 데이터를 활용하자.

공항에서 시내로 이동을 할 때 택시보다는 그랩Grab을
이용하면 택시의 바가지를 미연에 방지할 수 있다. 저녁
에 숙소를 찾아가는 경우에도 구글 맵이 있으면 쉽게 숙
소도 찾을 수 있어서 스마트폰의 필요한 정보를 활용하
려면 데이터가 필요하다. 심카드를 사용하는 것은 매우
쉽다. 매장에 가서 스마트폰을 보여주고 데이터의 크기

만 선택하면 매장의 직원이 알아서 다 갈아 끼우고 문자도 확인한 후 이상이 없으면 돈을
받는다.

■ 달러나 유로를 '동(Dong)'으로 환전해야 한다.

공항에서 시내로 이동하려고 할 때 미니버스를 가장 많이 이용한다. 이때 베트남 화폐인
'동Dong'가 필요하다. 대부분 달러로 환전해 가기 때문에 베트남 화폐인 동Dong으로 공항에
서 필요한 돈을 환전하여야 한다. 여행 중에 사용할 전체 금액을 환전하기 싫다고 해도 일
부는 환전해야 한다. 시내 환전소에서 환전하는 것이 더 저렴하다는 이야기도 있지만 금액
이 크지 않을 때에는 큰 금액의 차이가 없다.

■ 공항에서 숙소까지 간단한 정보를 갖고 출발하자.

베트남 사람들은 다낭Danang 공항에서 버스나 오토바이를 이용해 시내로 이동한다. 공항에서 시내로 이동하려면 버스와 택시, 그랩Grab이 중요한 교통수단이다. 관광객이 버스를 사용하는 경우는 거의 없다.

> **신종 사기**
>
> 차량 공유서비스인 그랩(Grab)을 이용하는 관광객이 늘어나면서 최근에 신종사기도 나타나고 있다. 그랩(Grab)을 스마트폰에서 보여주면서 숙소를 입력하면 나오는 비용을 관광객에게 확인하고 이동하는 사기이다. 이들은 자신들이 만든 터무니없는 가격으로 비용이 나오는 그랩(Gram) 프로그램을 사용하고 있다. 택시가 부족한 밤 늦은 시간에 빨리 이동하고 싶은 관광객을 노리고 있다.

■ '관광지 한 곳만 더 보자는 생각'은 금물

베트남 다낭Danang은 쉽게 갈 수 있는 해외여행지이다. 물론 사람마다 생각이 다르겠지만 평생 한번만 갈 수 있다는 생각을 하지 말고 여유롭게 관광지를 보는 것이 좋다. 한 곳을 더 본다고 여행이 만족스럽지 않다.

자신에게 주어진 휴가기간 만큼 행복한 여행이 되도록 여유롭게 여행하는 것이 좋다. 서둘러 보다가 지갑도 잃어버리고 여권도 잃어버리기 쉽다. 허둥지둥 다닌다고 다낭Danang을 한 번에 다 볼 수 있지도 않으니 한 곳을 덜 보겠다는 심정으로 여행한다면 오히려 더 여유롭게 여행을 하고 만족도도 더 높을 것이다.

■ 아는 만큼 보이고 준비한 만큼 만족도가 높다.

다낭Danang, 호이안Hoian, 후에Hue의 관광지는 베트남의 역사와 관련이 있다. 그런데 아무런 정보 없이 본다면 재미도 없고 본 관광지는 아무 의미 없는 장소가 되기 쉽다. 2박 3일이어도 다낭Danang에 대한 정보는 습득하고 여행을 떠나는 것이 준비도 하게 되고 알게 된다.

■ 감정에 대해 관대해져야 한다.

베트남은 팁을 받는 레스토랑이 없다. 그런데 난데없이 팁을 달라고 하거나, 계산을 하고 나가려고 하는 데 붙잡아서 계산을 하라고 한다거나, 다양한 경우로 관광객에게 당혹감을 주고 있는 곳이 베트남이다. 그럴 때마다 감정통제가 안 되어 화를 계속 내고 있으면 짧은 다낭Danang 여행이 고생이 되는 여행이 된다. 그러므로 따질 것은 따지되 소리를 지르면서 따지지 말고 정확하게 설명을 하면 될 것이다.

베트남
여행에
꼭 필요한
INFO

한눈에 베트남 역사

기원전 2000년경~275년 경 최초 국가인 반랑국이 건국되다
베트남 민족의 아버지로 불리는 훙 브엉이 홍 강 삼각주 지역에 반랑국을 세웠다. 반랑국은 농업을 기반으로 세운 베트남 최초의 국가였다. 기원전 275년 안 즈엉 브엉이 반랑국을 멸망시키고 어우락 왕국을 세웠다.

기원전 275년 경~기원후 930년 경 중국의 지배
중국 진나라 장수였던 찌에우 다가 중국 남부에 남비엣을 세웠는데 중국이 한나라가 쳐들어와 멸망했다. 그 후 베트남은 약 천 년간 중국의 지배를 받아야 했다. 베트남인들은 중국에 맞서 저항을 했지만 천 년동안 지배를 받을 수 밖에 없었다.

1800년 경~1954년 프랑스의 지배
1802년 응웬 아잉이 레 왕조를 무너뜨리고 응웬 왕조를 세웠다. 이 무렵 베트남의 산물과 무역로를 노린 프랑스의 공격이 시작되고 1884년에 베트남 전 국토가 프랑스에 넘어간다. 핍박을 견뎌 내며 독립을 향한 열의를 다졌다. 이때 나타난 호 찌민은 군대를 조직해 프랑스 군대를 공격하고 1954년 디엔비엔푸 전투를 승리를 이끈 베트남은 프랑스를 몰아내고 독립을 되찾았다.

1954년~1976년 미국의 야심에 저항하다
베트남은 독립 후 북위 17도선을 경계로 남과 북으로 갈렸다. 남쪽에는 미국이, 북쪽에는 지금의 러시아인 소련과 중국의 지원이 이어졌다. 1965년 미국이 베트남 북쪽 지역을 공격하면서 전쟁이 시작되었다. 끈질긴 저항 끝에 베트남의 승리로 미국은 베트남에서 물러났다.

1976년~1985년 경제의 몰락
전쟁으로 온 나라가 폐허가 된 베트남은 경제를 살리는 게 최우선 과제였지만 미국의 경제 봉쇄로 경제는 낙후된 상태가 이어졌다.

1985~현재
1985년 새롭게 바꾼다라는 뜻의 '도이머이 정책'을 실시하면서 부지런함과 끈기를 내세워 선진국의 투자를 이끌어내면서 2000년대에 급속한 발전을 이어온 베트남은 동남아시아를 대표하는 경제 성장 국가가 되어 가고 있다.

베트남의 현주소

'포스트 차이나'로 불리는 베트남의 2018년
GDP 성장률은 10년 만에 최고치인 7.08%를
기록했고, 올해도 6.9~7.1%의 고성장을 이
어갈 것으로 전망한다. 1980년대 100$ 안팎
에 그쳤던 1인당 국내총생산(GDP)이 2008년
1,143$로 증가해 중간소득 국가군에 진입했
다. 덕분에 연평균 6.7%의 고성장을 계속해

베트남은 지속적으로 경제성장률이 유지되면서 2018년에는 1인당 GDP가 2,587$로 뛰었다.

'도이머이'는 바꾼다는 뜻을 지닌 베트남어 '도이'와 새롭다는 뜻인 '머이'의 합성어로 쇄신
을 뜻하는 단어이다. 1986년 베트남 공산당 제6차 대회에서 채택한 슬로건으로 토지의 국
가 소유와 공산당 일당 지배체제를 유지하면서 시장경제를 도입하여 경제발전을 도모하
기로 한 역사적인 사건으로 응우옌 반 린 당시 공산당 서기장이 주도했다. 1975년 끝난 베
트남전에 이어, 1979년 발발한 중국과의 국경전쟁, 사회주의 계획경제의 한계에 따른 식량
부족과 700%가 넘는 살인적인 인플레이션 상황이 초래되자 베트남은 새로운 돌파구가 필
요했다

당시 상황은 '개혁이냐, 죽음이냐'라는 슬로건이 나올 정도로 절박한 상황으로 개혁은 선택
이 아닌 필수였다. 1980년대 초 일부 지방의 농업 분야에서 중앙정부 몰래 시행한 할당량
만 채우면 나머지는 농민이 갖는 제도인 '도급
제'가 상당한 성과를 거둔 전례가 있었기 때문에
'도이머이' 도입을 가능하게 한 요인이었다.

쇄신의 길을 택한 베트남은 1987년 외국인 투자
법을 제정해 적극적인 외자 유치에 나섰다. 1989
년 캄보디아에서 군대를 완전히 철수하고, 중국
에 이어 미국과의 관계를 정상화하고 국제사회
의 제재에서 벗어난 것도 실질적인 '도이머이'를
위한 베트남의 결단이었다. 베트남은 1993년 토
지법을 개정해 담보권, 사용권, 상속권을 인정했
고, 1999년과 2000년에는 상법과 기업법을 잇달
아 도입해 민간 기업이 성장하는 길을 닦았다.

베트남과 대한민국의 비슷한 점

끈질긴 저항의 역사

중국에 맞서 싸우다

베트남은 풍요로운 나라이지만 풍요 때문에 중국의 지배를 받아야 했었다. 약 2천 년 전, 중국을 다스리던 한 무제가 동남아시아로 통하는 교역항을 차지하기 위해 베트남에 군대를 보내 정복하고 약 천년 동안 중국의 지배를 받았다. 중국 군대를 몰아내는 데 앞장선 쯩 자매는 코끼리를 타고 몰아냈다. 기원 후 40년 경, 베트남은 중국 한나라의 지배를 받았는데 쯩 자매중 언니의 남편이 한나라 관리에게 잡혀 억울하게 죽자 쯩 자매는 사람들을 이끌고 한나라 군대와 맞서 싸웠다. 한나라를 완전히 몰아내지는 못했지만 쯩 자매는 지금도 베트남 사람들의 영웅으로 전해 내려오고 있다.

중국의 지배를 받으면서 한자와 유교가 베트남에 널리 퍼지게 되면서 중국 문물을 배우는 데에 부지런했다. 유교에서는 부모를 정성스레 모시고, 이웃과 돈독히 지내고, 농사지은 것을 거두어들이면 조상에게 감사 제사를 지내라고 가르쳤다. 농사를 지으며 대가족이 모여 사는 베트남 사람들의 생활과 잘 맞았다. 농사를 지으려면 일손이 필요하고, 이웃과 서로 도우며 지내야 한다. 지금도 베트남 곳곳에는 유교 문화의 흔적들이 많이 남아 있다.

중국의 지배를 받을 때 중국 관리들과 상인들이 와서 행정문서와 교역문서를 한자로 기록하면서 문자가 없었던 베트남 사람들은 한자를 쓰기 시작했다. 나중에 프랑스의 지배를 받으면서부터 한자 대신 알파벳 문자를 쓰기 시작했다.

프랑스에 맞서 싸운 역사

1858년~1884년	프랑스가 베트남 공격
1927년~1930년	호치민을 비롯한 베트남 지도자들은 저항 조직을 만들어 프랑스에 맞서 싸우기 시작
1945년	호치민은 프랑스가 잠시 물러간 틈을 타 하노이에서 베트남 민주 공화국

디엔비엔푸 전투

1953년 베트남 북부 디엔비엔푸에서 베트남군과 프랑스군이 전투를 벌여 다음해인 5월까지 이어진 전투에서 베트남군은 승리를 거두고 프랑스군을 몰아냈다.

수립을 선포했다. 하지만 프랑스는 이를 인정하지 않아 다시 전쟁이 시작되었다.

1954년   프랑스 군대가 있던 디엔비엔푸를 공격하여 크게 승리한 베트남은 마침내 독립을 이뤄냈다.

남북으로 갈라진 베트남

베트남은 남과 북으로 나뉘었다가 사회주의 국가로 통일을 이루었다. 베트남이 사회주의 국가가 되기까지 복잡한 역사적 배경이 있다. 과거 프랑스의 지배를 받았던 베트남은 독립을 위해 프랑스와 전쟁을 벌였다. 오랜 전쟁 끝에 1954년 제네바 협정이 열렸고, 프랑스는 베트남에서 물러났다. 1954년 제네바 협정결과 북위 17도선을 경계로 남과 북으로 분단이 되었다. 남쪽에는 민주주의 정권이, 북쪽에는 공산주의 정권이 세워졌다.

베트남은 이후 1976년 북베트남이 남베트남을 장악한 미국과 벌인 전쟁에서 승리하면서 통일을 이루었다. 미국은 약 50만 명이 넘는 군인을 북베트남에 보내고 엄청난 폭탄을 쏟아 부었지만 강한 정신력으로 미국에 맞서면서 10년을 싸워 1976년에 미국은 물러났다.

베트남 음식 Best 10

베트남은 남북으로 길게 이어진 국토를 가지고 있어 북부와 중, 남부는 다른 특성을 가지고 있지만 음식은 하노이의 음식이 퍼져나간 경우가 많다. 베트남 여행에서 쌀국수를 비롯해 다양한 음식을 맛보는 것은 여행의 또 다른 즐거움이다. 6개월 가까이 그들의 음식을 매일같이 먹으면서 맛의 차이를 느껴보는 경험은 남들과 다른 베트남 여행의 묘미였다. 그래서 길거리에 목욕의자를 놓고 아침에 먹는 쌀국수는 특히 잊을 수 없다. 베트남에서 한번쯤은 길거리에 앉아 그들과 함께 먹는 음식으로 베트남을 조금 더 이해할 수 있을 것이다.

포(Phở)

누가 뭐라고 해도 베트남 음식 중 1위는 쌀국수를 뜻하는 포Phở이다. 베트남하면 쌀국수가 떠오를 정도로 쌀국수는 베트남 서민들이 가장 좋아하면서도 가장 많이 먹는 음식이다. 포Phở는 끓인 육수에 쌀로 된 면인 반 포Bánh phở를 넣고 소고기나 닭고기, 해산물을 넣는다. 베트남 전통 쌀국수에서는 라임과 고수가 빠지지 않고 오뎅, 닭고기, 돼지고기, 소고기 등. 쌀국수에 들어가는 식재료에 따라 종류도 무척 다양해졌다. 북부 베트남에서 시작되어 현재 포Phở는 수도인 하노이뿐만 아니라 베트남, 아니 전 세계에서 가장 유명한 음식이 되었다. 길거리 어디서나 포Phở를 판매하는 곳을 볼 수 있다. 맛도 한국에서 판매하는 쌀국수와는 다르다. 베트남 음식의 홍보대사라고 할 수 있다.

미꽝(MI Quáng)

베트남 중부의 대표적인 쌀국수로 넓은 면발에 칠리, 후추, 피시소스에 땅콩가루를 얹어서 나온다. 국물이 상대적으로 적어서 국물을 먹는 것이 아니고 면발에 국수가 스며들어가서 나오는 맛이 중요하다. 국물이 적은 이유도 면발에 흡수되려면 진한 국물이 필요하기 때문이다.

분짜(Bún ch)

전 미국대통령인 오바마가 하노이를 방문해서 먹은 음식으로 더 유명해진 분짜^Bún chả^는 대한민국에서도 최근 분짜^Bún chả^를 판매하는 식당이 인기를 끌고 있을 정도로 우리에게도 친숙해졌다. 하노이 음식들이 베트남에서 생겨난 경우가 많은 데 분짜^Bún chả^도 그 중 하나이다. 숯불에 구운 돼지고기를 면, 채소와 함께 달콤새콤한 소스에 찍어먹으면 맛이 그만이다. 분짜^Bún chả^는 누구든 좋아할 수밖에 없는 요리인데 베트남인들이 쌀국수와 함께 가장 즐겨먹는 음식이기도 하다.

반 쩨오(Bánh xèo)

쌀 반죽을 구운 베트남식 부침개인 반 세오^Bánh xèo^는 tvN 〈신서유기〉를 통해 방영되면서 주목을 끌기도 했는데 베트남 음식에서 빠질 수 없는 음식이다. 베트남 쌀가루 반죽옷 안에 각종 야채와 고기, 해산물이 들어가 있는 일종의 부침개, 영어로는 '크레페'라고 할 수 있다.쌀가루, 밀가루, 숙주나물, 새우, 돼지고기를 이용하여 팬에 튀긴 베트남 스타일로 바뀐 작거나 큰 크레페이다. 얼마 전 tvN 〈짠내투어〉에서 북부의 반 세오^Bánh xèo^는 대한민국의 부침개처럼 크고 중, 남부의 반 세오^Bánh xèo^는 한입에 넣을 수 있도록 작게 만든 것으로 차이점이 소개되기도 했다.

다른 수많은 베트남 음식들처럼 반 세오^Bánh xèo^는 새콤달콤한 느억맘 소스에 찍어 먹는다. 반 세오^Bánh xèo^를 노랗게 만드는 것은 계란이라고 생각하는데 원래는 강황이다. 단순한 음식이지만, 쌀국수와 더불어 중, 남부 베트남 사람들이 가장 즐겨먹는 음식이다.

무이네 반쩨오   북부 반세오

반 베오(Bánh Bèo)

소스 그릇처럼 작은 곳에 찐 쌀떡이 있고 그 위에 새우가루나 땅콩가루, 돼지고기 등을 얹어 먹는 음식으로 중, 남부에서 주로 먹는다. 처음 베트남에 여행을 가면 반 세오^Bánh xèo^와 이름이 비슷해 혼동하지만 음식은 전혀 다르다.

■ 반미(Bánh mì)

베트남어로 빵을 뜻하는 반미^{Bánh mì}는 한국에도 성업인 음식점이 있을 정도로 잘 알려져 있다. 반미^{Bánh mì}에는 프랑스의 지배를 받은 영향이 그대로 녹아있는데, 겉은 바삭하고 속은 상큼하면서도 아삭한 맛을 즐길 수 있는 바게뜨가 베트남 스타일로 바뀐 음식이다. 수십 년 만에 반미^{Bánh mì}는 다른 나라의 음식을 넘어 세계 최고의 거리 음식 명단에 오르면서 바게뜨의 명성을 위협하고 있다.

프랑스의 바게뜨 빵에 각종 야채와 고기를 넣고, 고수도 함께 넣어 먹는 베트남 반미^{Bánh mì}를 맛본 관광객들은 반미^{Bánh mì} 맛에 대해 칭찬을 아끼지 않는다. 서양의 전통 햄버거나 샌드위치보다 더 맛있다고 할 정도이다. 반미^{Bánh mì} 맛의 핵심은 바삭한 겉 빵의 식감과 고기, 빠떼^{Pate}, 향채 등 다양한 속 재료들이 어우러져 씹었을 때 속에서 전해오는 부드러움이 먹는 식욕을 자극하기 때문이다.

■ 꼼 땀 수언 누엉(Bơm tấm sườn nướng)

아침이나 점심 때 무엇인가를 싸들고 가는 비닐봉지에 싸인 음식이 궁금해서 따라 먹어본 음식이 있다. 쌀밥^{Com tấm}에 구운 돼지갈비, 짜^{chả}(고기를 다져서 찌거나 튀긴 파이), 돼지 껍데기, 계란 후라이가 한 접시에 나오는 단순한 음식인데 이 맛이 식당마다 다 다르다.

구운 돼지갈비 밥인 꼼 땀 수언 누엉^{Cơm tấm sườn nướng}은 베트남 남부의 대표요리로 과거에는 아침에 먹었다고 하나 지금은 아침보다 점심에 도시락처럼 싸들고 사가는 음식에 더 가깝다. 저자가 베트남에서 매일 먹는 음식이기도 하여 친숙하다. 그리고 지역마다 현지인들의 맛집이 있기 때문에 꼭 맛집을 찾아서 먹으러간다. 맛의 차이는 쌀밥과 돼지고기를 어떻게 구워 채소와 같이 먹느냐의 차이이다. 남부에서만 먹는 음식이 아니고 베트남 전국적으로 바쁜 현대인들에게 잘 어울리는 음식 중 하나다.

◼ 넴(Nem rán)

베트남 넴Nem rán은 라이스페이퍼Bánh tráng에 여러 재료를 안에 넣어 돌돌 말아 튀긴 튀김 롤이다. 튀긴 후에 속 재료의 맛을 그대로 간직하고 있어서 갓 만든 뜨거운 넴 1개를 소스에 찍어 한 입 베어 물면 바삭한 껍질과 함께 속의 풍미가 재료와 함께 어우러져 목으로 넘어온다. 명절이나 생일잔치에도 빠지지 않고 나오는 베트남 음식의 핵심이라고 할 수 있다. 우리가 먹는 튀긴 롤과 다르지 않아서 대한민국 사람들도 쉽게 손이 가는 음식이다.

◼ 고이 꾸온(Gỏi cuốn)

손으로 먹는 베트남 음식의 특성이 가장 잘 나타나는 음식이 쌈이다. 북부, 중부, 남부 할 것 없이 다양한 종류의 스프링 롤인 고이 꾸온Gỏi cuốn은 넴Nem rán과 더불어 손으로 먹는 음식을 가장 위생적으로 먹기 위해 만들어진 것이다. 가장 선호하는 베트남 음식 리스트에 올라와 나트랑이나 무이네, 달랏에 여행을 간다면 한 번은 꼭 맛봐야 한다.

부드러운 라이스페이퍼에 채소와 고기, 새우 등을 넣어 말아내 입에 들어가면 깔끔한 맛으로 여성들에게 인기가 높다. 새우, 돼지고기, 고수를 라이스페이퍼Bánh tráng에 싸서 새콤한 느억맘 소스에 찍어 먹을 때 처음 전해오는 새콤함과 달콤함이 어우러진 맛이 침이 넘어오게 만든다.

포 꾸온(Phở cuốn)

월남쌈이라고 생각하면 쉬운 음식으로 하노이가 자랑하는 요리이다. 간단하고 쉽게 만들 수 있는데 보기에도 좋고 먹기에 수월하다. 라이스페이퍼에 새우, 돼지고기나 소고기 등을 넣고 돌돌 말아 약간 물에 적신 후에 소스를 찍어먹으면 더욱 맛있다. 고기의 신선한 육즙은 야채와 느억맘 소스의 새콤달콤 맛과 어울려져 기가 막힌 맛을 만들어 낸다. 포 꾸온(Phở cuốn)은 베트남을 넘어 외국 관광객에게도 유명한 요리가 되었다. 화려하지는 않지만 정갈한 음식이기에 베트남 음식의 정수가 다 담겨진 음식이라 할 수 있다.

■ 꼼 티엔 하이 싼(Com chiên hải sản)

한국과 베트남 모두 유교에 영향을 받은 유사한 문화를 가져서 그런 것인지는 모르겠지만 베트남의 해산물 볶음밥은 우리가 주위에서 먹는 해산물 볶음밥과 다를 것이 없다. 그도 그럴 것이 쌀밥, 해산물, 계란 등의 비슷한 재료에 소스도 비슷하여 만들어진 볶음밥은 우리가 먹는 볶음밥과 다를 것이 없다.

■ 까오러우(Cao Lầu)

까오러우^{Cao Lầu}는 베트남 중부에 위치한 작은 도시인 호이안의 대표 국수이다. 일본의 영향을 받아 일반 쌀국수보다 면발이 우동에 가깝고, 쫀득하고 두꺼운 면발의 면에 간장 소스 등으로 간을 한 돼지고기, 각종 채소와 튀긴 쌀 과자를 올려 먹는다. 노란 면발과 진한 육수는 중부 지방 음식의 특색인 듯하다. 그릇마다 소중하게 담겨져 까오러우^{Cao Lầu}를 한 번 맛본 사람이라면 다시 먹고 싶은 맛이다.

■ 분보남보(Bún bò Nam Bộ)

분보남보는 한국의 비빔면과 비슷한 하노이의 비빔국수이다. 신선한 소고기에서 배어난 육즙과 소스, 함께 씹히는 고소한 땅콩과 야채들이 어우러져 구수한 맛을 한꺼번에 즐길 수 있다. 대부분의 면을 뜨거운 육수와 같이 먹는 것과 다르게 분보남보에는 쌀국수에 볶은 소고기, 바삭하고 시원한 숙주나물, 볶은 땅콩, 다양하고 신선한 야채들을 넣고 마지막에 새콤달

콤한 '느억 맘(베트남 전통 생선발효액 젓)'을 자신의 입맛에 맞도록 부어 먹는 베트남 스타일의 비빔면이다. 중부의 미꽝과 더불어 가장 대중적인 음식으로 알려져 있다.

한국인이 특히 좋아하는 베트남 음식

봇찌엔(Bot chien)

봇찌엔은 베트남 길거리에서 흔히 만날 수 있는 음식으로 쌀떡을 기름에 튀기고 부친 계란과 채를 썰은 파파야를 함께 올려 먹는다. 고소한 계란과 상큼한 파파야 맛이 같이 우러나온다. 역시 마지막에는 느억맘소스(생선을 발효시켜 만든 소스)를 뿌려서 버무리고 먹는 맛이 최고이다.

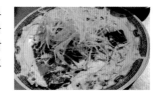

에그커피

에그커피는 하노이의 카페에서 개발하여 현재는 관광객에게 꽤 유명해졌다. 달걀이 커피 안에 들어가 있어 크림처럼 부드러운 에그커피가 각종 TV프로그램에 소개되면서 특히 대한민국 여행자에게 유명하다. 마시기보다 푸딩처럼 떠먹는 것이 어울린다.

우리가 모르는 베트남 사람들이 즐겨 먹는 음식

숩 꾸어(Súp cua)

보양음식으로 알려져 아플 때면 더욱 찾는 음식이다. 게살스프로 서양에서 들어온 음식이 베트남스타일로 변형된 것이다. 이후 게살스프가 보편화되면서 사람들의 입맛에 맞게 되었다.

라우 무옹 싸오 또이(Rau muống xào tỏi)

마늘로 볶는 '모닝글로리'라고 부르는 공심채는 베트남인들에게 익숙한 야채이다. 마늘로 볶은 간단한 요리지만 식성을 돋구는 음식이다. 기름에 마늘을 볶아 마늘향이 퍼지면 모닝글로리를 넣고 같이 볶아준다. 우리의 입맛에도 제법 어울리는 요리이다.

베트남 쌀국수

베트남에 가면 쌀국수를 먹어야 한다고 이야기할 정도로 베트남 요리에서 많은 종류의 국수를 빼놓고 이야기할 수가 없다. 베트남의 국토는 남북으로 길게 이어진 나라로 북부의 하노이와 남부의 호치민은 기후가 다르다. 그러므로 국수를 먹는 것은 같지만 지방마다 특색 있는 국수가 있게 되었다. 베트남 국수는 신선한tươi 형태나 건조한khô 형태로 제공된다.

동남아시아가 쌀국수로 유명한 이유는 무엇일까?
밀이 풍부해 밀로 국수를 만들 수 있었던 동북아시아와는 달리 열대지방의 특성상 밀이나 메밀 같은 작물을 기르기는 어려웠지만 동남아시아의 유명한 쌀인 인디카 종(안남미)의 쌀을 이용했기 때문이다. 덥고 습한 기후 때문에 향이 강한 음식을 먹다보니 단순한 동북아시아의 국수와 다르게 발달하게 되었다.

대한민국에는 쌀국수가 발달하지 않은 이유
쌀농사를 짓는 대한민국에도 비슷한 쌀국수가 있었을 것 같지만, 한반도에서 많이 나는 자포니카 종의 쌀은 국수로 만들면 쫄깃한 맛이 밀이나 메밀가루로 만든 국수에 비해 떨어져서 쌀국수는 발달하지 않았다.

베트남 쌀국수가 전 세계로 퍼진 이유
베트남 쌀국수는 베트남 전쟁을 거치고 결국 베트남이 공산화 되면서 전 세계로 퍼지기 시작하였다. 남부의 베트남 국민들이 살기 위해 나라를 등지고 떠나 유럽이나 미주의 여러 나라로 정착하면서 저렴하면서 한끼 식사를 할 수 있는 쌀국수는 차츰 알려지기 시작했다. 서양인들의 기호에도 맞아 국제적으로 알려지는 계기가 되었다.

동유럽에서는 주로 북부의 베트남 사람들에 의해서 알려지기 시작했다. 1970~80년대에 북베트남에서 외화를 벌기위해 동유럽 국가로 온 베트남 노동자들이 많았다. 동유럽이 민주화 바람 이후에도 경제적 사정으로 고국으로 돌아가기 힘들었던 베트남 사람들은 베트남 식당을 차리기 시작했고 더욱 퍼져나가기 시작했다.

쌀국수는
1. 미리 삶아온 면을
2. 뜨거운 물에 데친 후
3. 준비해둔 끓인 육수를 붓고
4. 땅콩, 향신료 말린 새우 설탕 등을 넣어 판매한다.

포^{phở}는 베트남 북부의 하노이 음식이었다. 1954년 제네바협정으로 베트남이 남북으로 분단된 뒤, 북부 베트남의 공산 정권을 피해 남부 베트남으로 내려간 사람들이 포^{phở}를 팔기 시작해, 남부 베트남에서도 흔하게 먹는 일상 음식이 되었다. 그 후, 1964~1975년까지 이어진 베트남 전쟁과 그 이후, 보트피플로 떠돌아다니며 세계의 여러 나라로 피난하면서 포^{phở}가 세계화되는데 일조를 하게 되었다. 미국, 캐나다 등에 이민을 온 베트남인들이 국수 가게를 많이 열면서 특히 미주지역에서 유명하다.

쌀국수 종류

국물이 들어간 국수는 베트남 쌀국수가 가장 유명하다. 뜨거운 육수에 쇠고기, 소의 내장 약간, 얇게 저민 고기를 얹은 다음 국물에 말아서 먹는다. 새콤달콤한 맛과 향은 라임 즙이나 고수, 숙주나물 등에서 나오게 된다.

육수의 차이

일반적으로 쇠고기나 닭고기 육수를 쓴 쌀국수가 대부분이다.
▶포 가(phở gà) : 닭고기 육수 퍼
▶포 돔(phở tôm) : 새우 육수 퍼
▶포 보(phở bò) : 쇠고기 육수 퍼
▶포 엑(phở ếch) : 개구리 육수 퍼
▶포 해오(phở heo) : 돼지고기 육수 퍼

지역의 차이

베트남 남부에서는 달고 기름진 육수를 쓰고, 북부에서는 담백한 육수를 주로 사용한다. 포 하노이(phở Hà Nội). 하노이 포(phở)에는 파와 후추, 고추 식초, 라임 등만 곁들인다. 포 사이공(phở Sài Gòn), 호치민 포(phở)는 해선장과 핫 소스로 함께 만들며, 라임과 고추 외에도 타이바질, 숙주나물, 양파초절임을 곁들인다.

넓은 면 VS 얇은 면

넓은 면은 먼저 쌀가루에 물을 풀어서 쌀로 된 물처럼 만든 것을 대나무 쟁반위에 고르게 펴서 며칠 동안 햇볕에 잘 말린다. 얇게 뜨면 반짱Bahn Trang이라고 부르며, 두껍게 떠서 칼  로 자르면 쌀국수가 되는 차이점이 있다. 반대로 얇고 가는 면의 경우는 쌀가루를 한 데 뭉쳐서 끓는 물을 부어 익반죽을 한 뒤, 냉면사리를 만들듯 체에 걸러서 만들게 된다.

베트남 VS 태국

같은 동남아시아 국가이지만 조리법이 조금씩 다르다. 국수는 볶는 국수와 국물을 넣어 만든 국수로 분류할 수 있다. 태국의 길거리 음식으로 주문을 하면 앞에서 바로 볶아 내놓는 팟타이Phatai는 서양인들이 더 선호하는 국수이다.

길거리나 호숫가에서 배를 타고 생활하는 수상생활이 일상화 된 태국에서는 자그마한 배에서 상인 한 명이 타고 다니며 판매한다.

내용물에 따라 이름이 달라지지만, 보통 우리는 '포pho'라고 부른다.

국물을 가진 국수 가운데에서 중국, 태국, 라오스, 미얀마 스타일의 조금은 다른 쌀국수가 있는데, 맛의 차이는 국물을 내는 방법이나 양념에 따라 차이가 난다.

포(phở)

대한민국에서 쌀국수라고 하면 보통 생각하는 요리로 이제는 베트남을 상징하는 요리로 인식된다. 포(phở)는 쌀국수 국수인 포를 쇠고기나 닭고기 등으로 낸 국물에 말아 낸 대표 베트남 국수 요리이다.

분짜(Bùn Chà)

소면처럼 가는 쌀국수 면을 숯불에 구운 돼지고기, 야채와 함께 액젓인 느억맘 소스에 찍어 먹는 요리이다.

태국

팟타이

태국을 대표하는 쌀국수 요리이다. 닭고기, 새우, 계란 등의 재료를 액젓, 타마린드 주스 등으로 만든 소스와 볶아낸 쌀국수이다.

꾸어이띠어우

고기 국물에 말아먹는 쌀국수 요리로 포(phở)의 태국 버전이라고 보면 된다. 향신료를 베트남보다 많이 쓰는 태국 요리는 향신료의 향이 강하다는 차이가 있다.

포(phở) 이름의 기원

프랑스어 기원

농사를 지어왔던 베트남에서 소는 꼭 필요한 동물이었다. 그래서 쇠고기를 잘 먹지 않았다. 포phở는 프랑스 식민지 시기에 프랑스인들이 만들어 먹은 쇠고기 요리인 포토 푀가 변형된 것이라는 것이다. 베트남인 '포phở'는 프랑스어로 '포토푀pot-au-feu'의 '푀feu'를 베트남어식으로 발음한 것이라는 설이다. 산업혁명 이후 19세기 말에 공장 노동자들이 끼니를 때우기 위해 고기 국물에 국수를 말아 먹기 시작하던 것이 유래되었다고 한다.

중국의 광둥어 기원

하노이에 살던 중국의 광둥지역 이민자들은 응아우육판(牛肉粉)이 포phở의 기원이라는 설이다. '응아우'는 '쇠고기'를 뜻하고 '판'은 '국수'라는 뜻이다. 베트남으로 '응으우늑펀ngưu nhục phấn'이라고 불렸다. 베트남어 '펀phấn'은 '똥'을 뜻할 수도 있기 때문에, 음절 끝의 'n'이 사라지면서 '포phở'가 되었다고 한다. 포phở를 만들 때 쓰는 넓은 쌀국수는 '분 포bún phở'로 '포 국수'라는 뜻이다.

베트남 음료

베트남은 우리 입맛에 맞는 음식들이 많다. 태국 음식이 다양하다고 하지만 베트남도 이에 못지않은 다양한 음식들이 있다. 또한 음료도 태국만큼 다양한 열대과일로 만든 주스와 스무디가 많다.

프랑스 식민지였기 때문에 베트남에서는 바게뜨와 같은 서양음식들도 의외로 많아서 베트남 음식과 맥주와 음료를 마시면서 음식을 먹는 유럽인들도 많고 특히 바게뜨 같은 반미와 함께 커피를 마시는 여행자들이 많을 정도로 커피가 일반적인 음료이다. 풍부한 과일로 생과일주스를 마실 수 있고, 물이나 맥주, 커피도 저렴하게 즐길 수 있다. 베트남에서 먹고 마시는 것으로 고생하는 경우는 없다고 봐도 무방할 것이다.

비어 사이공(Beer Saigon)
베트남에서 가장 유명한 맥주로 관광객들이 누구나 한번은 마셔보는 베트남 맥주로 맛이 좋다. 프랑스에서 맥주 기술을 받아들여서 프랑스와 비슷한 풍부한 맥주 맛을 내고 있다. 맥주 맛의 기술은 우리나라보다도 좋은 것 같다.

333비어(333Expert Beer)
베트남 남, 중부에서 유통되는 맥주이다. 베트남어로 '3'이라는 숫자의 발음은 '바'로 일명 '바바바 비어'라고 부른다. 청량감이 심해서 호불호가 갈리는 맥주로 대한민국의 카스 맥주와 맛이 비슷하다.

라루비어(Larue Beer)
중부를 대표하는 맥주 브랜드로 프랑스 스타일의 맥주이다. 블루 컬러는 저렴하고 레드 컬러는 진한 흑맥주 맛을 낸다. 캔 맥주나 병맥주의 뚜껑을 따면 뚜껑 안에 한 캔이나 한 병을 무료로 먹을 수 있도록 마케팅을 하여 맥주 소비량이 늘어났고 뚜껑을 따서 하나 더 마실 수 있는지 확인하는 풍경이 벌어지기도 한다.

후다 비어(Fuda)
중부 지방에서 판매가 되고 있는 맥주로 후에를 중심으로 다낭까지 판매를 늘리고 있다. 93년 미국의 칼스버그가 합작투자를 통해 판매가 시작되었다. 다른 333비어나 라루 비어가 나트랑에서 보기에 어렵지 않은 맥주이지만 후다는 아직 나트랑에서 가끔 볼 수 있는 정도의 맥주이다.

맨스 보드카(Men's Vodka)

보드카는 베트남에서 가장 선호되는 주류 중 하나이다. 중간 품질의 보드카 부문은 맨스 보스카Men's Vodka 브랜드가 지배하고 있다. 100년 이상의 역사를 자랑하는 브랜드인 보드카 하노이Vodka Ha Noi가 막대한 투자를 통해 시장에서 성장해 왔다. 맨스 보스카Men's Vodka 보드카는 시장의 선두 주자로 인기가 높아짐에 따라 남성용 보드카 브랜드의 이미지가 대명사가 되었다. 다만 보드카 하노이Vodka Ha Noi는 구식 이미지가 강해 젊은 층에는 인기가 시들고 있다.

커피(Coffee)

베트남에서 커피한번 마셔보지 않은 관광객은 없다. 베트남식의 쓰고 진하지만 연유를 넣어 달달한 커피 맛은 더운 베트남에서 당분을 보충할 수 있는 좋은 방법이기도 하다.

'카페'로 발음하기도 하지만 '커피'라고 불러도 알아 듣는다. 프랑스식민지로 오랜 세월을 있어서 커피문화가 매우 발달했다. 특히 연유가 듬뿍 담긴 커피는 베트남 커피만의 특징이다.

> **주문할 때 필요한 베트남어**
>
> 카페 쓰어다 | Cà Phê Sữa Đá | 아이스 연유 커피   카페 덴다 | Cà Phê Đen Đá | 아이스 블랙 커피
> 카페 쓰어농 | Cà Phê Sữa Nóng | 블랙 연유 커피   카페 덴농 | Cà Phê Đen Nóng | 블랙 커피

생과일 주스(Fruit Juice)

과일이 풍부한 동남아와 같이 베트남도 과일이 풍부하다. 그 중에서 망고, 코코넛, 파인애플 같은 생과일로 직접 갈아서 넣은 생과일 주스는 여행에 지친 여행자에게 피로를 풀고 목마름을 해결해주는 묘약이다.

느억 미어(Núóc Mia)

사탕수수 주스를 말하는데 길거리에서 사탕수수를 직접 기계에 넣으면 사탕수수가 으스러지면서 즙이 나오는데 그 즙을 받아서 마시는 주스가 느억 미어Núóc Mia이다. 동남아시아의 다른 나라에서도 마실 수 있지만 저렴하기는 베트남이 가장 저렴하다.

레드 블루(Red Blue)

우리나라의 박카스나 비타500과 비슷한 에너지 드링크로 레드 블루Red Blue 가 있는데 맛은 비슷하다. 카페인 양이 우리나라 에너지 드링크보다 높다고 하지만 마실 때는 잘 모른다.

열대 과일

망고(Mango)
나트랑에서 가장 맛있는 과일은 역시 망고이다. 생과일주스로 가장 많이 마시게 되는 망고주스는 베트남여행이 끝난 후에도 계속 생각나게 된다.

망고 (Mango)

파파야(Papaya)
수박처럼 안에 씨가 있는 파파야는 음식의 재료로도 사용이 된다. 겉부분을 먹게 되며, 부드럽고 달달하다.

파파야 (Papaya)

람부탄(Rambutan)
빨갛고 털이 달려 있는 람부탄은 징그럽게 생겼다고 생각되기도 하지만 단맛이 강한 과즙을 가지고 있다.

두리안(Durian)
열대과일의 제왕이라고 불리는 두리안은 껍질을 까고 먹는 과일이고, 단맛이 좋다. 하지만 껍질을 까기전에 냄새는 좋지 않아 외부에서 먹고 들어가야 한다.

두리안 (Durian)

망꼰(Dragon Fruit)
뾰족하게 나와 있는 가시같은 부분이 있는 과일이다. 선인장과의 과일로, 진한 빨강색으로 식감을 자극하지만, 의외로 맛은 없다.

코코넛(Coconut)
야자수 열매로 알고 있는 코코넛은 얼음에 담아 마시면 무더위가 가실 정도로 시원하다. 또한 코코넛을 넣어 만든 풀빵도 나트랑 간식으로 인기가 많다.

코코넛 (Coconut)

쇼핑

베트남 여행에서 베트남만의 다양한 상품을 구입하는 데 가장 인기가 높은 것은 역시 커피, 피시소스(느억맘), 비나밋 과자이다. 3개의 제품은 베트남이 생산하는 제품이기도 하지만 선물로 사오거나 쇼핑을 해서 구입해도 잘 사용하는 품목들이다. 선물이나 쇼핑에서 가장 중요한 것은 '생활에서 잘 사용할 수 있는 제품인가'이다. 그것이 바로 저렴하다고 구입해서 버리지 않는 방법이다.

G7 커피(2~5만 동)
베트남 여행에서 돌아오는 공항에서 가장 많이 구입하는 커피가 G7 커피가 아닐까 생각된다. 베트남을 대표하는 인스턴트 커피 브랜드 G7 커피는 블랙, 헤이즐넛, 카푸치노, 아이스커피 전용 등 다양한 종류와 저렴한 가격이 매력적이다.

부드러운 향을 좋아한다면 헤이즐넛, 쌉싸래한 커피 본연의 맛을 원하면 블랙을 추천한다. 달달하고 진한 맛의 믹스와 카푸치노가 우리가 즐겨먹는 커피와 비슷하다. '3 in 1'이라는 표시는 설탕과 프림이 들어간 커피라는 뜻이고 '2 in 1'은 설탕만 들어간 제품이니 구입할 때 잘 보고 구입하기를 권한다.

콘삭 커피(3~10만 동)
G7 커피와 함께 베트남 커피 시장을 장악하고 있는 콘삭 커피는 일명 '다람쥐 똥 커피'라고 더 많이 부른다. 실제 커피콩을 먹은 다람쥐의 배설물이라는 말이 있다. 인도네시아에서 생산되는 루왁 커피만큼 고급 원두는 아니기 때문에 약간 탄 듯 쓴맛이 강한 커피이다. 하지만 고소한 향과 쓰고 진한 맛을 좋아한다면 추천한다.

노니차(15~20만 동)
건강 음료로 알려져 최근에 나이 드신 부모님들의 열풍과 가까운 선물이 노니차이다. 동남

아에서 자라는 열대 과일인 노니는 할리우드 대표 건강 미녀 미란다 커의 건강 비결로 알려져 인기를 끌고 있다. 노니에는 질병과 노화를 막아주는 폴리페놀이 다량 함유되어 있다고 한다. 베트남의 달랏에서 재배가 되고 있는 노니차는 달랏이라고 더 저렴하지는 않고 베트남 어디든 비슷한 가격을 형성되어 있다. 티백으로 간편하게 즐길 수 있는 건강식품인 노니차는 물처럼 쉽게 마시는 건강식품이라서 베트남에 가게 되면 꼭 구매하는 품목으로 부상하였다.

베트남 칠리소스(5천~2만동)

베트남의 국민 소스라고 할 수 있는 피시소스(느억맘)는 중독성이 있다고 할 정도로 한번 알게 되면 피시소스를 먹지 일반 핫소스는 못 먹게 된다고 할 정도이다. 특히 베트남에서 먹는 볶음밥이나 볶음면에 넣어 먹으면 베트남 현지의 맛을 느낄 수 있다고 할 정도이다. 특히 추천하는 피시소스가 가장 궁합이 어울리는 음식은 바로 치킨이나 튀김 요리이다. 바삭하고 고소한 튀김요리를 베트남 피시소스에 찍어 먹는 순간 자꾸 손이 가게 된다.

봉지 쌀국수(3천~1만 동)

베트남 쌀국수를 좋아하는 관광객이 대한민국으로 돌아와서도 먹고 싶은 마음에 봉지 쌀국수와 컵 쌀국수를 꼭 구입하고 있다. 향, 맛, 쉬운 조리법을 모두 갖춘 봉지 쌀국수 하나로 베트남 현지에 있을 정도라고 한다. 맛있게 먹는 방법은 베트남 칠리소스와 함께 먹는 것이라고 하니 칠리소스와 함께 구입하는 것을 추천한다.

비나밋(3~5만 동)

방부제, 설탕, 색소가 없는 본연의 맛을 최대한 살린 건조 과일 칩인 비나밋은 아이들이 특히 좋아한다. 1988년부터 지금까지 베트남 인기 간식으로 자리 잡은 비나밋은 건강하게 먹을 수 있다는 장점으로 사랑받고 있다. 고구마, 사과, 바나나, 파인애플, 잭프루트 등 다양한 종류가 있지만 고구마와 믹스 프루츠가 인기이다.

망고 과자(3~5만 동)

베트남의 망고과자도 인기 과자제품이다. 비나밋만큼의 인기가 없을 뿐이지 동남아의 대표과일인 망고를 과자로 만든 달콤한 망고과자는 그 맛을 잊을 수 없을 정도이다. 중국인들은 오히려 망고과자를 더 많이 구입한다고 한다.

캐슈너트(10~20만 동)

베트남에서 흔히 만날 수 있는 대표 견과류인 캐슈넛은 껍질을 벗기지 않고 볶은 게 특징이다. 짭짤하고 고소한 맛으로 맥주 안주로 제격인데, 항산화 성분과 마그네슘 등이 많기 때문에 몸에도 좋다. 바삭하고 고소한 맛을 오래 유지하려면 진공 포장된 제품을 구매해야 한다.

농(5~8만 동)

베트남의 전통 모자로 알려져 있는 농이나 농라라고 부르는 모자로 야자나무 잎으로 만들었다. 처음 베트남 여행에서 가장 많이 사오는 기념품으로 알려져 있지만 실제로 사용할 경우는 거의 없다.

라탄 가방, 대나무 공예품

최근 여성들의 트랜드로 떠오르고 있는 라탄 가방을 비롯해 슬리퍼, 밀짚모자 등 다양한 종류의 패션 아이템도 인기 상승 중이다. 쇼핑몰에서 고가에 판매하는 라탄 가방을 저렴한 가격에 구매할 수 있다. 어느 베트남 시장에서든 판매하고 있으니 가격을 꼼꼼히 살펴보고 구입하도록 하자. 특히 시장에서는 흥정을 잘해야 후회하지 않는다.

딜마 홍차(15~20만 동)

레몬, 복숭아, 진저, 우롱 등 종류도 다양하여 선물용으로 각광받고 있는 홍차이다. 딜마 홍차는 한국에서도 판매되고 있는 고급 홍차 브랜드인데 국내에서도 살 수 있는 딜마를 베트남에서 꼭 사는 이유는 가격차이 때문이다. 5배가량 가격 차이가 난다고 하니 구입을 안 할 수 없게 된다.

페바 초콜릿

베트남의 고급 초콜릿 브랜드로 초콜릿의 다양한 종류와 깔끔한 패키지가 인상적인 '파베'이다. 주로 대한민국 관광객이 선물용으로 많이 구매한다. 특히 인기 있는 맛은 바로 이름만 들어도 생소한 후추맛인 '블랙페퍼'이다. 달달하게 시작해서 알싸하게 끝나는 맛이 매력적이다.

마사지 & 스파

근육과 관절 등에 일련의 신체적 자극을 통해 뭉친 신체의 일부나 전신의 근육을 푸는 것이 마사지이다. 누구나 힘든 일을 하면 본능적으로 어깨 등을 어루만지는 행동을 할 정도이다. 그러므로 마사지도 엄청나게 오래된 역사를 가지고 있다. 고대 로마에도 아예 전문 안마사 노예가 따로 있었을 정도라고 한다.

마사지의 종류는 경락 마사지, 기 마사지, 아로마 마사지, 통쾌법 등 많다. 그 중 대표적인 것이 발마사지와 타이 마사지일 것이다. 또한 오

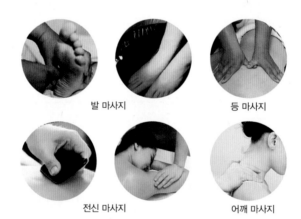

발 마사지   등 마사지

전신 마사지   어깨 마사지

일 마사지, 스포츠 마사지 등이다. 스포츠 마사지는 운동선수들의 재활 및 근육통 경감, 피로 회복 등을 위해 만들어진 것으로 맨손을 이용하여 근육을 마사지하는 것이다.베트남에서는 타이 마사지보다 오일을 이용한 전신마사지가 더욱 유명하다.

가격과 품질은 당연히 천차만별이다. 예전에는 베트남에서 길거리에서 파라솔이나 그늘아래 플라스틱 의자에 앉아서 발과 어깨 마사지를 받을 수도 있었지만 지금 그런 모습은 존재하지 않는다. 마사지 간판을 내건 곳은 어디나 나름 깨끗하고 청결하게 관리하고 손님을 맞고 있다. 또한 최고급 호텔에서 고급스럽게 제대로 전신 마사지를 받을 수도 있다.

베트남에서 마사지는 필수 관광코스이고, 아예 마사지사를 양성할 정도로 활성화되어 있다. 보통 전신마사지 코스로 마사지를 받기 때문에 마사지사는 마사지에서 중요한 역할을 한다. 아직 태국처럼 마사지를 전문으로 하는 대학은 없지만 많은 사람들이 마사지를 중요한 수입원으로 생각하고 있을 정도로 베트남에서 마사지는 관광산업에서 중요한 역할을 하고 있다.

강도가 강한 타이마사지는 처음보다 전신마사지를 받고 나서 며칠이 지나고 받는 것이 좋다는 의견이 많다. 타이 마시지는 강도가 센 편이지만 받고 나면 시원하다. 그러나 고통에 대한 내성이 없는 사람들은 흠씬 두들겨 맞은 느낌을 받을 수 있을 정도로 아프다고 하기 때문에 자신의 몸 상태를 생각하고 선택하는 것이 좋다.

시간은 1시간이나 2시간 코스가 보통이고, 마시지 끝난 뒤 마사지사에게 팁을 주는 것이 관례이다. 팁은 1시간 당 마사지비용의 10% 정도가 적당하지만 능력이나 실력에 따라 생각하면 된다. 베트남은 팁 문화가 거의 없는 나라이지만 마사지사의 수입원 중 하나가 팁이므로 정말 만족한다면 팁을 풍족히 주고 이름을 들은 다음 이후엔 지목해서 마사지를 받으면 좋다.

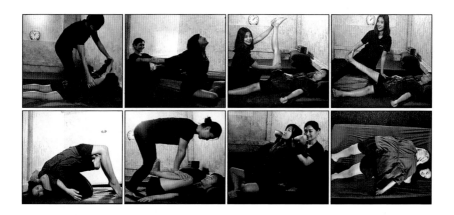

베트남과 커피

베트남 커피에 대해 잘못 알고 있는 사실은 과당 연유를 첨가한 것이 베트남커피라고 알고 있는 것이다. 베트남 커피의 유명세만큼 베트남 여행에서 커피를 구입하는 것은 일반적이다. 동남아시아는 덥고 습한 날씨가 지속되므로 어디를 여행해도 진하면서도 엄청나게 단맛이 나는 연유는 쓰디쓴 다크로스트 커피와 궁합이 잘 맞게 되어 있다. 커피에 연유를 첨가하는 방식을 누구나 동남아시아에서 지내다 보면 당연하다고 생각이 바뀔 것이다. 커피는 우리가 여행 중에 바라는 여유를 충족시켜주며 또 그 커피 맛에 한 번 빠지면 빠져 나오기 힘들 정도이다.

베트남에서는 에소프레소 스타일의 커피를 선호한다. 커피에 연유를 넣든 그냥 마시든 개인이 선택하는 것이라서 커피를 주문하면 그 옆에 연유를 같이 준다. 그러므로 우리가 생각하는 뜨거운 커피든 냉커피든 모든 커피에 연유를 넣는다는 것은 잘못된 생각이다. 까페 종업원에게 따로 설명하지 않으면 조그마한 커피 잔에 연유가 깔려 나오는 것이 아니고 같이 나온다. 때로는 아예 메뉴에서 구분해서 주문하는 것이 빠르게 커피를 받도록 해놓았다. 또한 밀크커피를 주문할 때도 '신선한 우유fresh milk'는 연유를 넣은 커피로 나오기 때문에 우리가 마시던 커피와 다를 수가 있다. 그러나 베트남 여행을 하는 대한민국의 여행자가 늘어나면서 관광객을 상대로 하는 커피점은 '아메리카노'가 메뉴에 따로 있다. 또 콩Cong카페의 유명 메뉴인 코코넛 커피는 커피에 코코넛을 넣는 것이지만 코코넛 맛을 내는 통에서 나오는 것이다.

예전에는 우유를 뺀 커피를 주문하면 연유 없이 커피가 나오는데 쓴 커피를 마시다 보면 바닥에 설탕이 잔뜩 깔린 사실을 바닥이 보일 정도에야 알아차리는 블랙커피였다. 베트남 커피가 강한 맛을 내고 쓰기 때문에 아무것도 첨가하지 않은 스트레이트로 마시는 베트남 사람들이 많았지만 지금은 구분해서 마시고 있다.

세계에서 2번째로 커피 원두를 많이 재배하는 국가가 베트남이라는 사실은 잘 알려져 있다. 19세기 프랑스가 자국에서의 커피를 공급하기 위해 처음 재배하기 시작했는데 전쟁 이후 베트남 정부가 대량으로 커피 생산을 시작하면서 생활의 일부분으로 들어오기 시작했다. 1990년대부터 커피 재배가 수출품으로 확산하면서 이제는 연간 180만 톤 이상의 원두를 수확하고 있다.

커피는 베트남 사람들의 생활에서 중요하다. 베트남여행을 하면 사람들이 카페에서 작은 플라스틱 의자에 앉아 아침 일찍부터 낮을 지나 저녁까지 커피를 마시는 모습을 볼 수 있다. 카페는 덥고 습한 베트남의 날씨 때문에 낮에는 일하기 힘든 상태에서 쉴 수 있는 장소이자 지금은 엄마들이 모여 수다를 떠는 등 모든 연령대의 사람들이 모이는 장소이다. 관광 도시인 나트랑Nha Trang에는 하이랜드HighInd와 콩Cong카페를 비롯해 다양한 베트남 프랜차이즈들이 관광객을 대상으로 대중적인 커피를 팔고 있다.

베트남에서는 커피를 1인분씩 끓이는데 작은 컵과 필터 그리고 뚜껑(떨어지는 커피 액을 받는 용도로도 쓰임)으로 구성된 커피추출기 '핀phin'을 이용한다. 이러한 방식으로 커피를 준비하기 때문에 과정을 음미하면서 커피를 천천히 마시게 된다. 물론 모든 커피가 이런 방식으로 제조되는 것은 아니다. 일부 카페에서는 이미 만들어 놓은 커피를 바로 따라 마실 수 있게 준비되어있다. 하지만 베트남 전통 방법으로 만드는 슬로우 드립 커피는 매우 독특한 경험이다. 특히 모든 게 혼란스럽고 빠르게 느껴지는 베트남 도심에선 사람들에게 여유를 선사하고 한숨 돌리게 해주는 필수 요소다.

전통식 '핀'이 작아 보인다면 제대로 본 것이다. 베트남에선 벤티(대형) 용량의 커피는 없다. 커피가 매우 강하기 때문에 많이 마실 필요가 없다는 소리다. 120㎖ 정도면 충분하다. 슬로우 드립이라는 특성도 한 몫 하지만 작은 양으로 서빙되기 때문에 좋은 상태의 커피를 마시고 싶다면 천천히 음미하며 마셔야 한다.

때때로 베트남 커피에는 연유 외에도 계란, 요구르트, 치즈나 버터까지 들어간다. 버터와 치즈! 하노이에 있는 지앙Giang 카페는 계란 커피로 유명한데 커피에 계란 노른자와 베트남 커피 가루, 가당 연유, 버터 그리고 치즈가 들어간다. 우선 달걀노른자를 저어 컵에 넣고 나머지 재료를 더하는데 온도를 유지하기 위해 컵은 뜨거운 물에 담가놓는다고 한다.

베트남 인의 속을 '뻥' 뚫어준 박항서

2018년 베트남 국민들은 '박항서 매직'으로 행복했다. 나는 그 현장을 우연히 베트남에서 오래 머물면서 같이 느끼게 되었다. 그 절정은 동남아시아의 대표적인 축구대회인 스즈키 컵 우승으로 누렸다. 이날 베트남 전체가 들썩였고, 밤을 잊은 베트남 사람들은 축구 열기가 꺼지지 않고 붉게 타오른 밤에 행복하게 잠을 청했다.

나는 10월 초에 베트남을 잠시 여행하기 위해서 들렸다가 1월까지 있게 되었다. 그들의 친절하고 순수한 마음에 나를 좋아해주는 많은 베트남 사람들을 만나면서 이들의 집안행사에 각종 모임에 나를 초대해 주면서 그들과 가깝게 지내고 다양한 이야기를 옆에서 들었다. 또 많은 술자리를 함께 하면서 내가 모르는 베트남 이야기를 들었다.

베트남은 11월 15일 하노이의 미딘 국립경기장에서 열린 '아세안축구연맹(AFF) 스즈키컵 2018' 결승 2차전에서 말레이시아에 1–0으로 이겼다. 1차전 원정경기 2–2 무승부 포함 종합 스코어 3–2로 승리한 베트남은 2008년 이후 10년 만에 스즈키컵을 들어올렸다.

베트남의 밤이 불타오른 것이 올해만 벌써 몇 번째인지 모른다. 1월 열린 아시아축구연맹(AFC) U–23 챔피언십에서 베트남이 결승까지 올라가면서 분위기가 달아오르기 시작했다. 8월에는 자카르타 · 팔렘방 아시안게임에서 베트남이 일본을 꺾으며 조별리그를 1위로 통과한 데 이어 4강까지 올라가 축구팬들을 거리로 내몰고 또 내몰았다.

이번 스즈키컵에서 우승에 이르는 여정은 응원 열기를 절정으로 이끌었다. 결국 우승까지 차지했으니 광란의 분위기도 끝판을 이뤘다. 박항서 감독이 올해 하나의 실패도 없이 끊임 없이 도전하면서 베트남은 축구로 하나가 되었다. U-23 챔피언십과 아시안게임을 거치며 박 감독은 이미 '영웅'이 됐다. 스즈키컵 우승까지 안겼으니 그에게 어떤 호칭이 따라붙을 지 궁금하다. 2018년 베트남에서 박항서 감독은 '축구神'이나 마찬가지다.

지금 "Korea"라는 이야기를 가장 인정해 주는 나라는 베트남이다. 한국인이라고 하면 웃으면서 이야기를 한번이라도 더 나누게 되고 관심을 가져준다. 2018년의 한류는 박항서 감독이 홀로 만든 것이라고 해도 과언이 아닐 것이다.

박항서 매직이 완벽한 신화로 2018년 피날레를 장식했다. 베트남이 열광하지 않을 수 없었다. 이날 결승전이 열린 미딘 국립경기장에는 4만 명의 관중만 입장할 수 있었다. 베트남 대표팀 고유색인 붉은색 유니폼을 입은 관중과 국기로 붉은 물결을 이뤘다. 그 가운데도 박항서 감독의 나라, 대한민국의 태극기 응원이 곳곳에서 눈에 띄었다.

하노이에 있던 나는 정말 길거리에서 대한민국 국기와 베트남 국기를 동시에 달고 다니던 장면을 잊을 수가 없다. 직접 경기장에서 경기를 보지 못한 베트남 국민들은 전국 곳곳의 거리에서 대규모 응원전을 펼쳤다. 베트남의 우승이 확정된 후에는 더 많은 사람들이 거리로 쏟아져 나왔고, 밤을 새워 우승의 감격을 함께 했다. 이날 '삑삑'거리는 소리 때문에 잠을 잘 수가 없었으니 어느 정도인지 상상할 수 있을 것이다.

거리 응원 및 우승 자축 열기는 상상 이상이었다. 수도 하노이의 주요 도로는 사람들로 꽉 차 교통이 완전 마비됐다. 호치민, 다낭, 나트랑 등 어디를 가도 베트남 전역의 풍경은 비슷했다. 환호성과 함께 노래가 울려 퍼졌고 폭죽이 곳곳에서 터졌다. 차량과 오토바이의 경적 소리가 끊이지 않았다. 베트남 대표선수 이름이 연호됐고, '박항서'를 외치는 것도 빠지지 않았다.

많은 베트남 사람들이 박항서 감독은 베트남 민족의 우수성을 입증해주었다는 생각에 이 열기가 단순한 열기가 아니라고 이야기해주었다. 베트남은 저항의 역사이고 항상 핍박을 받는 역사에서 살아오다가 경제 개방으로 이제 조금 먹고 살게 되었지만 자신들은 '자신 감, 자존감'이 부족했다고 이야기했다. 우리가 자랑스럽게 생각을 해도 해외에서 자신들을 그렇게 봐 주지 않아 자존심도 상하고 기분도 나쁜 경우가 한 두 번이 아니었다고 한다. 그 런데 동남아시아에서 가장 유명한 스즈키 컵에서 우승을 하면서 인접한 태국, 인도네시아, 필리핀 등의 나라에 자신들이 위대하고 자랑스럽다고 자신 있게 이야기할 수 있게 되었다 고 말해주었다.

경제 개방 후 급속한 경제발전을 이루었지만 아직도 멀고 먼 경제발전을 이뤄야한다는 생 각을 가진 베트남 인들을 보면서 대한민국이 오래 전 경제발전을 이루어 자랑스럽게 생각 하면서 살고 싶었을 시절을 상상해 보았다. 그 시절이 지나고 지금 대한민국은 내세울 것 없는 '흙수저'로 성공하지 못하는 사회라는 생각이 주를 이룬다. 그런데 베트남 사람들이 자신들의 속을 '뻥'뚫어준 자존감을 만들어준 박항서 감독은 단순한 축구 감독이 아닌 존 재가 되었을 것이다.
더군다나 대한민국에서도 내세울 스펙과 연줄이 없는 박항서 감독의 성공이 사람들의 속 을 후련하게 해주었다. 사람들은 흙수저, 박항서를 마치 자신처럼 생각하며 응원하게 되었 을 수도 있겠다고 생각이 들었다.

베트남 인들의 자신감과 오랜 역사에서 응어리를 쌓아놓았던 그들에게 속을 시원하게 해 준 역사적인 사건이다. 그리고 나는 그 역사적인 순간에 베트남에서 있으면서 그 현장을 직접 보면서 다양한 감정이 교차하였다.
단순히 베트남을 여행하려다가 오랜 시간을 그들과 함께 울고 웃으면서 가까이 다가가는 생활이 여행이 아니고 그들과 함께 살고 있었던 4개월이었다. 나는 그 기억을 평생 기억할 것 같고 역사의 현장에 우연히 있었음에 감사한다.

다낭 & 호이안, 후에 여행 계획하는 방법

베트남은 남북으로 길게 이어진 국토를 가지고 있고 한번 입국하면 15일까지만 머무를 수 있다는 특징이 있다. 베트남 중부의 대표적인 여행지인 다낭 & 호이안, 후에로 여행을 하려면 '일정 배정'을 잘해야 한다. 예전에는 15일 동안 베트남 전체를 여행하는 것을 선호했다면 지금은 북부, 중부, 남부로 나누어서 여행하는 것을 선호한다. 특히 다낭으로 대변되는 베트남 중부 여행지는 대한민국 사람들이 가장 좋아하는 여행지로 각광을 받고 있다. 특히 다낭의 미케 비치와 시내, 호이안Hoi An 올드 타운, 후에의 역사유적지를 천천히 즐기면서 호캉스를 즐기는 트랜드로 바꾸고 있다.

일정 배정

다낭의 볼거리가 별로 없다는 생각에 일정 배정을 잘못하면 짧게 3박4일 정도의 여행이 쉽지 않다. 그래서 다낭 여행은 의외로 여행일정을 배정해야 한다. 예를 들어, 처음 다낭 여행을 시작하는 여행자들은 다낭에서 호이안Hoi An까지 30분이 걸린다고 하면 오전 12시 전에 출발해 3시면 호이안Hoi An을 대부분 둘러볼 것이라고 생각으로 여행 계획을 세우고 다음날에 후에로 이동해 여행하는 일정을 세우지만 일정이 생각하는 것만큼 맞아 떨어지지 않는다.

■ 도시 이동 간 여유 시간 배정

다낭Danang&호이안, 후에 여행에서 다낭을 떠나 호이안Hoi An이나 후에 이동하는 데 40~50분이 걸린다고 하면 오전에 출발해서 호이안Hoi An이나 후에Hue를 보고 이동한다고 해도 오후까지 이동하는 시간으로 생각하고 그 이후 일정을 비워두는 것이 현명하다. 왜냐하면 베트남은 이동하는 도로가 막힌다는 생각을 안 하지만, 출, 퇴근 시간에 다낭을 들어가는 도로가 지연되는 등의 생각하지 못한 변화가 발생하여 변화무쌍하다고 이야기를 많이 한다. 그래서 유럽의 여행자들은 '베트남시간'이라는 단어로 변화에 대응하면서 이해하고 웃으면서 넘어간다. 특히 큰 도시에서 작은 인근의 도시로 이동을 하는 경우에 여유 시간을 생각해야 한다. 다낭에서 호이안Hoi An으로 이동을 한다거나, 다낭Danang에서 후에Hue로 이동하는 경우가 대표적이다.

■ 마지막 날 공항 이동은 여유롭게 미리 이동하자.

대중교통이 아직 발달하지 않은 다낭은 대한민국의 상황으로 이해하려고 하면 안 된다. 특히 마지막 날, 저녁 비행기라고 촉박하게 시간을 맞춰 이동한다면 비행기를 놓치는 경우가 발생한다. 그래서 마지막 날은 일정을 넉넉하게 계획하고 마지막에는 마사지 & 스파Spa로 즐기고 여유롭게 다낭 국제공항으로 이동하는 것이 편하게 여행을 마무리할 수 있다.

■ 숙박 오류 확인

다낭만의 문제는 아닐 수 있으나 최근의 자유여행을 가는 여행자가 많아지면서 유럽이든 베트남이든 숙박의 오버부킹이나 오류가 발생할 수 있다는 것이다.

분명히 호텔 예약을 했으나 오버부킹이 되어 미안하다고 다른 호텔이나 숙소를 알아봐야겠다고 거부당하기도 하고, 부킹닷컴이나 에어비엔비 자체시스템의 오류가 생기는 경우도 발

생하고 있으니 사전에 숙소에 메일을 보내 확인하는 것이 중요하다.

특히 아파트를 숙소로 예약했다면 호텔처럼 직원이 대기를 하고 있는 것이 아니므로 열쇠를 받지 못해 체크인을 할 수 없는 경우가 많다. 아파트는 사전에 체크인 시간을 따로 두기도 하고 열쇠를 받는 방법이나 만나는 시간과 장소를 정확하게 알고 있어야 한다.

■ 차량 이동 문제

다낭 & 호이안, 후에 여행자가 급격하게 늘어나면서 쉴 새 없이 버스는 여행자를 실어 나르고 있다. 그래서 정비가 안 된 버스가 길에서 멈추거나 차량 간의 사고, 도로파손, 도시 내로 들어서 출 퇴근 시간에 걸려 정체가 발생이 되기도 하여, 버스가 이동시간보다 시간이 오래 소요되는 경우가 발생하고 있다.

다낭여행에서는 그랩Grab을 사용하는 것이 가장 편리하고 저렴하다. 가까운 거리는 택시나 그랩이나 가격차이가 없지만 다낭 시내에서 외곽의 롯데마트로 가거나 호이안으로 이동하는 경우에 이동비용에 차이가 발생한다.

다낭 & 호이안, 후에 대표적인 추천 여행일정

1일차

첫날에 다낭에 밤이나 새벽에 도착했다면 곧바로 숙소로 들어
간다. 다음날의 여행일정을 대비해 편하게 쉬면서 여행을 시작
하는 것이 좋다. 그러나 베트남 항공이나 비엣젯 항공 같은 낮
12시 정도에 다낭으로 입국한다면 숙소에서 잠깐 쉬었다가 다
낭 시내 관광을 하면 무리가 되는 일정은 아니다.

저녁에도 여행을 즐기고 싶다면 다낭의 야시장을 들러 즐기고
돌아오거나 마사지나 스파를 받고 숙소로 돌아오면 유익한 하
루가 될 것이다.

2일차

호이안이나 후에 투어를 신청하여 간다면 오전 8시에 출발하
여 저녁에 도착하게 될 것이다. 다낭 시내 관광으로 하루를 보
내려면 미케비치에서 오전의 여유로운 해변을 즐기고 다낭 시
내 중심으로 이동해 중요 관광지를 보는 것이 좋다. 중간 중간
에 다양한 카페들이 있으므로 힘들다면 카페에서 쉬면서 여행
을 지속하면 된다.

3일차

만약 2일차에 호이안의 밤에 올드 타운에서 즐기고 다낭의 숙
소로 이동하면 의외로 피곤함이 풀리지 않는다. 피로한 상태로
후에 투어를 신청해 버스를 타고 이동하면 버스에서 잠깐 자다
가 후에에 도착하게 된다. 투어에서는 항상 가방이 잘 있는지
확인을 하는 것이 좋다. 다낭이나 호이안에서 아침 일찍 출발
한 버스는 하이반 패스를 보고 나서 후에에 도착해 점심을 먹
게 된다. 점심 후에 투어를 한 후 저녁에 도착하게 되므로 숙소에 이동해 휴식을 취하거나 마사지를 받
는 것을 추천한다. 피곤을 풀기에는 마사지만한 것이 없기 때문이다.

4일차

다낭에서 바나힐은 매우 중요한 관광지가 되었다. 바나힐은 관
광객도 많고 볼거리도 많아서 오전 일찍 이동을 하는 것이 편
하게 둘러볼 수 있다. 바나힐을 보고 나서 한시장, 꼰시장이나
롯데마트, 빈콤 플라자를 둘러보면서 선물을 사거나 오행산까
지 같이 둘러보는 투어로 다녀오는 것을 추천한다.

2박3일 정도의 일정으로 다낭 &호이안, 후에를 보기에는 시간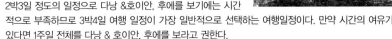
적으로 부족하므로 3박4일 여행 일정이 가장 일반적으로 선택하는 여행일정이다. 만약 시간의 여유가
있다면 1주일 전체를 다낭 & 호이안, 후에를 보라고 권한다.

최근에 많이 이용하는 저가 항공은 기내식이 제공되지 않으므로 사전에 공항에서 입국 심사 후에 탑승
전까지 대기 시간을 여유롭게 두면서 간단하게 기내에서 먹을 수 있는 먹거리와 선물을 사야 비행기를
놓치지 않는다는 것을 유념하자.

다낭, 호이안, 후에 여행의 필수품

1. 모자
따가운 햇살이 항상 비추는 나트랑^{Nha Trang}은 관광지가 대부분 그늘을 피할 곳이 많지 않다. 그러므로 미리 모자를 준비해 가는 것이 얼굴도 보호하고 두피도 보호할 수 있다.

2. 우산
대표적인 관광지인 나트랑^{Nha Trang}은 바다를 끼고 관광지가 형성되어 있어서 스콜을 만나기도 하고 따가운 햇살을 맞으면 피부가 화끈거리기도 한다. 대부분의 관광지는 그늘이 없어서 우산을 가지고 가면 햇볕이 뜨거우면 양산으로 사용하고 비가 오면 우산으로 사용하면 된다.

3. 긴 팔 옷과 긴 바지
햇볕에 매일 노출되는 여행자는 피부를 보호하는 것이 좋다. 햇볕에 너무 노출이 심하게 되면 벗겨지기도 하고 저녁에 따갑거나 뜨거운 피부 때문에 잠을 자기 힘들 수도 있다.

4. 알로에
피부의 온도를 내려주는 알로에는 동남아시아에서 많이 파는 상품 중에 하나이다. 미리 준비하면 따갑거나 벗겨졌을 때 바르면 피부도 보호하고 따가움을 완화할 수도 있다.

우기 여행의 장점

지구 온난화 때문에 사실 우기의 시작은 기상대에서도 정확히 맞추지 못하고 있다. 2018년에도 10월 말까지 전혀 비가 내리지 않다가, 11월이 시작하면서 한 달 내내 비가 본격적으로 시작되었기 때문이다.

우기를 전후로 날씨는 무덥지 않다. 여행 중에 지대가 높은 산간 지역으로 여행한다면 가을처럼 쌀쌀하다. 보통 우기는 9월부터 시작된다고 알고 있지만 점점 늦어지고 있다. 건기가 길어지고 우기가 짧아지고 있다고 하는데 여행자는 알 수가 없다.

우기에는 열대성 소나기인 스콜이 자주 있는데, 짧게는 몇 분에서 길게는 몇 시간씩 갑자기 소나기가 쏟아지는데 언제 그칠지는 누구도 모른다. 스콜이 쏟아지기 전에는 하늘이 어두워지면서 많은 비가 내린다는 사실을 알 수 있기 때문에 미리 대비를 한다.

더위를 타는 사람은 우기의 여행에서 스콜이 오히려 온도를 내려주기 때문에 유리할 수도 있다. 우기 여행의 장점은 비성수기라서 숙소 가격이 성수기 때보다 저렴하다는 것이다. 하지만 중국이든 대한민국이든 여름 방학이 시작되는 7~8월까지 본격적으로 성수기가 된다.

여행 일정 중간에 문제가 발생하는 이유

여행에는 완벽한 일정을 준비했다고 하더라도 변수가 많이 발생한다. 그러므로 여행일정은 여유시간을 두어 여행일정에서 문제가 발생해도 여유롭게 해결하는 것이 중요하다.

1. 중간 이동하는 사이의 시간도 꼭 감안을 해야 한다.
도시에 도착해서 다음 목적지까지 가기 위한 중간 단계를 잊고 계획하는 관광객이 많다. 예를 들어 다낭에서 시내를 둘러보고 30~40분이면 도착하는 호이안에도 출, 퇴근 시간이라면 1시간이 소요될 수도 있다.

2. 다낭에서 호이안으로 가는 가장 방법
5성급 호텔에서 머무는데, 굳이 버스로 다낭에서 호이안으로 이동하겠다는 관광객들이 있다. 다낭에서 호이안으로 이동하는 버스는 중간에 계속 정거장에 들러 이동하는 작은 버스로 의외의 시간이 많이 소요된다. 호텔에서 나와서 버스가 마치 택시처럼 바로 출발하면 가능할수도 있겠지만 안 된다는 것을 안다면 그랩Brab을 이용해 호텔에서 바로 출발하는 것이 가장 효율적인 방법이다.

3. 투어에는 픽업시간도 고려해야 한다.

투어를 신청해 미선 유적지나 후에 역사투어를 이동한다면 픽업이라는 중간 과정을 생각하지 않아서 투어를 끝내고 돌아오는 시간을 예상 외로 일찍 도착한다고 계획하면 문제가 발생한다. 그래서 투어를 신청하면 해당 여행 날짜에는 저녁에 즐기는 야시장이나 마사지 같은 일정으로 여유롭게 하루를 보내는 것이 현명하다.

4. 나의 여행일정 관리

자신의 생각처럼 여행이 진행되지 않는다. 일정을 빡빡하게 계획하는 것은 여행자 본인 마음이지만 시간할애를 분명히 인지하고 있어야 한다. 물론 계획대로 된다면 금상첨화이지만 대부분의 일정은 자신의 생각대로 움직이지 않는다.

5. 날카로워지는 신경

혼자, 친구들, 연인과 1박 2일이나 2박 3일로 여행을 한다면 이동 후 여행하고 식사하고. 밤에 맥주를 마시거나 집에 오면 피곤하다. 다낭에서는 한국보다는 신경이 자연스럽게 곤두서 있게 된다. 새로운 지역에 대한 여행에서 몸의 자연스러운 반응일 것이다.

6. 몸의 적응상태

습도가 높아서 몸은 적응하는데 꽤 시간이 필요할 수도 있다. 따뜻한 물로 샤워하거나 목욕 후의 나른하게 되듯이 추~욱 처지는 것은 어쩔 수 없다.
동남아의 날씨는 덥기도 하지만 습도가 높아서 의외로 금새 피곤해진다. 베트남 사람들도 새벽부터 일어나고 낮잠은 자야 한다고 생각한다. 그렇기 때문에 오전부터 여행을 하면 저녁 일찍 잠들게 되는 경우도 많다.

3박5일 여유로운 나 홀로 여행

홀로 여행하는 여행자가 급증하고 있다. 다낭은 혼자서 여행하기에 좋은 도시가 많다. 베트남은 먼저 취향에 맞는 다양한 숙소와 해변이 있고, 유럽의 도시처럼 멀리멀리 가는 코스가 많지 않아서, 여행할 때 물어보지 않고도 충분히 가고 싶은 관광지를 찾아갈 수 있다. 혼자서 마사지나 각종 투어를 즐겨보는 것도 좋은 코스가 된다.

주의 사항

1. 숙소 위치가 가장 중요하다. 밤에 밖에 있다가 숙소로 돌아오기 쉬운 위치가 가장 우선 고려해야 한다. 나 혼자 있는 것을 좋아한다면 호텔로 정해야겠지만, 숙소는 호스텔도 나쁘지 않다. 호스텔에서 새로운 친구를 만나 여행할 수도 있고 가장 좋은 점은, 모르는 여행 정보를 다른 여행자에게 쉽게 물어볼 수 있다는 것이다.

2. 자신의 여행 스타일을 먼저 파악해야 한다. 가고 싶은 관광지를 우선 선정하고 하고 싶은 것과 먹고 싶은 곳을 지도에 표시하는 것이 중요하다. 지도에 표시하면 자연스럽게 동선이 결정된다. 꼭 원하는 장소를 방문하려면 지도에 표시하는 것이 좋다.

3. 혼자서 날씨가 좋지 않을 때 해변을 가는 것은 추천하지 않는다. 걸으면서 해안을 봐야 하는데 풍경도 보지 못하지만, 의외로 해변에 자신만 걷고 있는 것을 확인할 수도 있다. 돌아오는 길을 잃어서 고생하는 일도 발생할 수 있다.

4. 현지의 각종 투어를 홀로 즐기면서 고독을 즐겨보는 것이 좋다. 투어는 시간이 7시간 이상 정도는 미리 확보하는 것이 필요하다. 사전에 숙소에서 투어를 예약하고 출발과 돌아오는 시간을 미리 계획하여 하루 일정을 확인할 것을 추천하다.

5. 쇼핑하고 싶다면 사전에 쇼핑목록을 적어 와서 마지막 날에 몰아서 하거나 날씨가 좋지 않을 때, 숙소로 돌아갈 때 잠깐 쇼핑하는 것이 좋다.

여유로운 바나힐(빈펄 랜드) + 후에 + 호이안 올드 타운

1, 2일차 여유롭게 바나힐 or 빈펄 랜드

다낭에서 하고 싶은 것을 모두 하고 싶다면 4일은 있어야 가능하다. 대한항공과 베트남 항공은 오전에도 항공편이 있지만 많은 저가항공의 출발은 저녁에 출발하여 밤이나 새벽에 도착한다. 다낭 공항에 도착해 택시나 그랩Grab을 타고 숙소로 이동해 휴식을 취한다. 2일차에 바나힐이나 빈펄 랜드로 가서 나만의 테마파크를 즐겨볼 수 있다.

바나힐이나 새로 생긴 빈펄 랜드는 다낭에서의 즐거움을 더 크게 할 수 있다. 우선순위를 정해 즐기면 여유롭게 자신이 원하는 것을 즐길 수 있다. 일찍 숙소를 출발해 빈펄 랜드를 먼저 즐기고 나서 시간이 가능하다면 워터파크를 즐기는 것도 좋다. 워터파크가 싫다면 동물원이나 식물원에서 산책을 천천히 즐기다가 돌아오자. 돌아와 마사지로 피로를 풀고 저녁식사를 하고 미케 비치에서 저녁 바다를 보고 돌아오면 하루가 금방 지나간다.

공항 →숙소로 이동 → 휴식(1일차) → (2일차 시작)바나힐이나 빈펄 랜드 이동 → 놀이기구 → 시내로 이동 → 마사지 → 저녁 식사 → 저녁 바다 즐기기 →휴식

3일차 시내 관광 + 호이안 올드 타운

2일차에는 시내위주로 둘러보는데 아침에 해뜨는 미케 비치를 보는 것도 힐링이 된다. 조용한 바다에서 떠오르는 바다는 아름답다. 아침에 베트남 커피와 함께 여유롭게 하루의 여행을 생각하며 마시는 것도 바쁜 일상을 벗어나 여행을 즐기는 방법이다.

시내의 다낭 대성당과 한 시장부터 시작해 미케 비치로 이동해 여행하는 코스로 정한다. 스파나 마사지를 가서 뜨거운 햇빛을 피해 피로를 풀어도 좋다. 저녁에는 호이안 올드 타운을 둘러보면서 저녁식사로 해산물을 즐기고 마사지나 스파로 피로를 풀어도 좋다. 뜨거운 밤 문화를 즐기고 싶다면 루프 탑 바Bar로 가자.

해뜨는 바다 바라보기 → 베트남 커피로 여유 즐기기 → 다낭 대성당 → 한 시장 → 시내 관광 → 호이안 올드 타운 → 나이트 라이프

4, 5일차 후에 역사 탐방

나 홀로 단기 여행에서 새로운 친구를 사귀는 것은 어려운 일이다. 그러므로 활기찬 하루를 보내려면 후에 투어에 참가해 즐거운 시간을 보낼 수 있다. 8시30분 정도에 숙소로 픽업을 오면 9시 정도에 이동해 투어 참가자들이 모인다. 후에로 이동해 역사 유적을 즐기고 설명을 들으면서 후에를 이해하게 된다.

다낭 시내로 돌아와 마지막으로 마사지를 받고 몸의 피로를 풀고 나서 저녁에는 시내의 맛집을 찾아 식사를 마친 후에 다낭 공항으로 이동하자. 새벽에 도착하는 비행기이므로 공항에는 너무 일찍 이동하지 않아도 된다.

픽업 후 이동 → 후에 투어 → 마사지 → 저녁식사 → 쇼핑 → 공항

3박 5일 부모와 함께 하는 효도 여행

부모님과 함께하는 베트남 여행도 미리 고려해야 할 것을 생각하고 있으면 좋은 여행이 될 것이다. 부모님과 여행을 하려면 무리하게 볼 것을 코스에 많이 넣기보다, 인상적인 관광지 등을 방문하는 것이 흥미를 유발한다. 옛 분위기를 연출하는 타운의 길거리, 쌀국수, 분위기가 있는 레스토랑에서 먹는 해산물은 부모님께서 좋아하신다. 부모님과 여행하면서 주의해야 할 점은, 너무 많이 걸으면 피곤해하시기 때문에 동선을 줄여 피곤함을 줄이고 여행의 중간중간 마시고 조금씩 먹어서 기력을 회복하시고 여행할 수 있도록 하는 것이다. 다만 요즈음 건강관리를 잘하신 부모님은 자식보다 잘 걷는 경우가 있어도, 부모님의 건강을 미리 가늠하고 출발하는 것이 좋다.

주의 사항
① 숙소는 빠통 중심가의 호텔로 정하는 것이 좋다. 이동 거리를 줄이는 것뿐만 아니라 호텔의 시설도 좋으면 만족도가 높다. 한국인 민박이나 아파트보다 호텔을 좋아하신다.
② 비행기로 들어온 첫날 숙소가 관광지와 가까워야 여행이 쉽게 시작된다. 걷다가 레스토랑이나 해산물을 직접 보고 들어가서 먹는 음식을 부모님이 좋아하시는 것을 경험하였다. 코스는 1일 차에 시내에서 같이 즐기고 다양한 맛집을 좋아하시는 경향이 있다.
③ 2일 차에 외곽으로 이동한다면 해양 스포츠 같은 몸으로 활동하는 것보다는 해변이나 빅 붓다, 왓 찰롱 등의 유적지를 보는 것을 더 좋아하신다.
④ 푸껫 근처에 있는 동물원을 방문해보는 것도 좋다. 우리에게 잘 알려진 악어 입에 머리 넣기, 코끼리 쇼, 원숭이 쇼 등 편안하게 앉아서 즐길 수 있으면 부모님들은 좋아하신다.
⑤ 외곽으로 이동할 때는 택시를 예약하고 출발과 돌아오는 시간을 미리 계획하는 것이 부모님의 피로를 고려하는 방법이다.
⑥ 돌아오는 날에는 쇼핑하면서 원하는 것을 한꺼번에 사면서 공항으로 돌아가는 시간을 잘 확인하는 것이 좋다. 버스보다는 택시를 이용해 시간을 정확하게 맞추는 것이 좋다.

시내 투어 + 바나힐 + 호이안 올드 타운코스

1, 2일차 여유롭게 바나힐

다낭에서 부모님과의 여행을 일정을 여유롭게 계획해야 탈이나지 않는다. 대한항공은 23시45분에, 티웨이 항공은 2시50분, 제주항공은 01시35분에 도착해 택시나 그랩Grab을 타고 숙소로 이동해 휴식을 취한다. 2일차에 바나힐으로 가서 동물원이나 식물원에서 산책을 천천히 즐긴다. 우선순위를 정해 즐기면 여유롭게 원하는 바나힐을 부모님과 함께 즐길 수 있다. 일찍 숙소를 출발해야 하므로 부모님의 건강을 확인하고 출발한다. 바나힐을 즐기고 돌아와 마사지로 피로를 풀고, 저녁식사를 하고, 미케 비치에서 저녁 바다를 보고 돌아오면 하루가 금방 지나간다.

공항 →숙소로 이동 → 휴식(1일차) → (2일차 시작)바나힐 이동 → 마사지 → 저녁 식사 →
저녁 바다 즐기기 →휴식

3일차 시내 관광 + 야시장

3일차에는 시내위주로 둘러보는 일정으로 여행의 피로를 풀면서 한가로운 시간을 만끽하면서 지내보자. 조용한 바다에서 떠오르는 바다는 아름답다. 아침에 베트남 커피와 함께 여유롭게 앞으로를 생각하며 마시는 것도 바쁜 일상을 벗어나 여행을 즐기는 방법이다.
시내의 다낭 대성당부터 시작한 한 강 근처로 이동해 여행하는 코스로 정한다. 마사지를 하면서 뜨거운 햇빛을 피해 피로를 풀어도 좋다. 저녁에는 야시장을 둘러보면서 저녁식사로 해산물을 즐기고 마사지나 스파로 피로를 풀어도 좋다.

베트남 커피로 여유 즐기기 → 다낭 시내 → 마사지 → 저녁식사 → 야시장 → 마사지

4, 5일차

아침에 현지인들이 먹는 쌀국수를 먹으면서 다낭 시민들의 하루시작을 같이 느껴보고, 카페에서 커피를 마시면서 여행의 마지막을 만끽하자. 부모님이 살아왔던 시절을 쌀국수를 같이 먹으면서 이해할 수 있는 시간이 될 수 있다.

다낭 시내의 주요 관광지를 둘러봤다면 호이안 올드 타운에서 즐겨봐야 한다. 호이안의 올드 타운은 옛 모습을 간직하여 부모님과 같이 휴식의 즐거움을 알 수 있다. 햇빛이 강하므로 오전에 즐기고 오후에는 빈콤 프라자나 롯데마트에서 쇼핑을 하면서 햇빛을 피하는 것이 좋다. 마지막으로 마사지를 받고 몸의 피로를 풀고 나서 저녁에는 시내의 한국 식당을 찾아 부모님의 입맛을 돋우어 활기를 찾아 돌아가는 것이 좋다. 식사를 마치고 다낭 공항으로 이동하자. 새벽에 도착하는 비행기이므로 공항에는 너무 일찍 이동하지 않아도 된다.

쌀국수로 하루 시작하기 → 카페에서 커피 즐기기 → 해변 휴식 → 점심 식사 → 빈콤 프라자 또는 롯데마트 쇼핑 → 마사지로 여행의 피로 풀기 → 저녁 식사 → 공항 이동 → 다낭 공항 출발 → 인천공항 새벽 도착

베트남은 안전한가요?

나 홀로 여행도 가능한 치안

사회주의 국가인 베트남은 동남아시아에서 가장 안전하다고 손꼽히는 치안이 좋은 국가이다. 혼자 여행하거나 여성이라도 안심하고 여행할 수 있다.
물론 관광객을 노리는 소매치기 등의 사건은 발생하지만 치안 때문에 여행하기 힘들다는 이야기는 듣기 힘들 정도이며 밤에 돌아다녀도 위험하다고 생각하지 않는 여행자가 대부분이다.

숙소의 보이는 장소에 돈을 두지 말자.

호텔이든 홈스테이든 어디에서나 돈이 될 만한 물품은 숙소의 보이는 곳에 놓지 말아야 한다. 금고가 있으면 금고에 넣어두면 되지만 금고가 없다면 여행용 캐리어에 잠금장치를 하고 두는 것이 도난사고를 방지할 수 있다. 도난 사고가 나면 5성급 호텔도 모른다고 말만 하기 때문에 자신이 직접 조심하는 것이 좋다.

슬리핑 버스에서 중요한 물품은 가지고 타야 한다.

슬리핑 버스를 타면 버스 밑에 짐을 모두 싣고 탑승을 하는 데 이때 가방이 없어지는 사고가 발생하기도 한다. 자신의 짐인지 알고 잘못 바꿔가는 사고도 있지만 대부분은 가방을 가지고 도망을 가는 도난사고이다. 중요한 귀중품은 몸에 가까이 두어야 계속 확인이 가능하다.

환전소와 ATM

베트남에서 문제가 많이 발생하는 장소는 택시와 환전에 관련한 사항이다. 오토바이를 이용한 날치기는 가끔씩 방심할 때에 발생한다. 그러므로 환전소나 ATM에서는 반드시 가방이나 주머니에 확실하게 돈을 넣어두고 좌우를 확인하고 나서 나오는 것이 좋다. 또한 중요한 짐은 몸에 지니는 것이 좋다. 가방은 날치기가 가장 쉬운 물건이다.

환전

베트남 통화는 '동(VND)'으로 1만 동이 약 532원이고 자주 환율이 조금씩 변화되고 있다. 기본 통화의 계산 단위가 1천동 이상부터 시작하는 높은 환율에 생각보다 계산이 쉽지 않다. 한국 돈으로 빠르게 환산하여 금액이 얼마인지 확인하는 것이 중요하다.

누구나 베트남 동(VND)을 원화로 환산하는 계산법은 이보다 더 좋은 방법은 없다. 베트남 물품의 금액에서 '0'을 빼고 2로 나누면 대략의 금액을 파악할 수 있다. 처음에는 어렵다고 느껴질 수도 있지만 하루만 계산을 하다보면 쉽게 알 수 있는 방법이다. 즉 계산금액이 120,000동이라면 '0'을 뺀 12,000이 되고 '÷2'를 하면 6,000원이 된다.

미국달러로 환전해 가는 관광객도 있다. 대한민국에서 미국 달러로 환전한 후 베트남 현지에 도착해 달러를 동(VND)으로 환전하는 것이 금전적으로 약간의 이득을 보기 때문이다. 은행에서 환전을 하면 주요통화가 아니라서 환율 우대를 받지 못하기 때문에 환전 금액이 크다면 미국달러로 환전을 하는 것이 좋다. 달러 환전은 환율 우대를 각 은행에서 받을 수 있고 사이버 환전을 이용하거나 각 은행의 어플리케이션을 사용하면 최대 90%까지 우대를 받을 수 있기 때문에 환전을 할 때마다 이득을 보므로 베트남에서 사용하는 금액이 크다면 달러로 반드시 환전해야 한다.

소액을 환전할 경우 원화에서 동으로 바꾸거나 원화에서 달러로 바꾸었다가 동(VND)으로 바꾸어도 큰 차이가 나는 것은 아니다. 또한 베트남 현지에서 환전이 가장 쉽고 유통이 많이 되는 100달러를 선호하기 때문에 100달러로 환전해 베트남으로 여행을 하는 것이 최선의 방법이다.

베트남 현지의 주요 관광지에서는 미국달러로 대부분 계산이 가능하다.

> 1$의 유용성
>
> 베트남 여행에서 호텔이나 마사지숍을 가거나 택시기사 등에게 팁을 줘야 할 때가 있다. 이때 1$를 팁으로 주면 베트남 동을 팁으로 줄 때보다 더 기쁘게 웃으면서 좋아하는 베트남 인들을 보게 된다. 그만큼 베트남에서 가장 유용하게 유통이 되는 통화는 미국달러이다.

베트남 여행경비를 모두 환전해야 하나요?

베트남에서 사용하는 여행경비는 실제로 가늠하기가 쉽지 않다. 왜냐하면 다양한 목적으로 베트남을 방문하는 관광객이 너무 많아서 그들이 사용하는 경비는 개인마다 천차만별로 달라지고 있다. 하지만 사용할 금액이 많다고 베트남 동(VND)으로 두둑하게 환전하는 것은 좋지 않다. 남아서 다시 인천공항에서 원화로 환전하면 환전 수수료 내고 재환전해야 하므로 손해이다. 그러므로 달러로 바꾸었다가 필요한 만큼 현지에서 환전하면서 사용하는 것이 최선의 방법이다.

어디에서 환전을 해야 하나요?

베트남 여행에서 환전을 어디에서 해야 하는지 질문을 하는 사람들이 많다. 베트남은 공항의 환전 율이 좋지 않다. 그러므로 공항에서는 숙소까지 가는 비용이나 하루 동안 사용할 금액만 환전하고 다음날 환전소에 가서 환전을 하는 것이 좋은 방법이다.

시내의 환전소는 매우 많다. 주로 베트남 주요도시에 다 있는 롯데마트 내에 있는 환전소가 환율이 좋다. 또한 한국인들이 주로 찾는 관광지 인근이 환율을 좋게 평가해준다. 또한 환전을 하면 반드시 맞게 받았는지 그

자리에서 확인을 하고 가야 한다. 시내 환전소에서 환율을 높게 쳐주었다고 고마워했는데 확인을 안했다가 적은 금액을 받았다면 아무 소용이 없을 것이다. 그런데 이런 일은 빈번하게 발생하는 소액사기의 한 방법이므로 반드시 환전하고 확인하는 습관을 갖는 것이 좋다.

ATM사용

가지고 간 여행경비를 모두 사용하면 ATM에서 현금을 인출해야 할 때가 있다. 신용카드나 체크카드 모두 출금이 가능하다. 인출하는 방법은 전 세계 어디에서나 동일하므로 현금인출기에서 영어로 언어를 바꾸고 나서 인출하면 된다. 수수료는 카드마다 다르고 금액과 상관없이 1회 인출할 때 수수료가 같이 빠져나가게 된다.

베트남에 오래 머물게 되면 적당한 금액만 환전하고 현금인출기에서 필요한 금액을 인출해 사용하는 것이 더 요긴할 때가 많다. 도난사고도 방지하고 생활하는 것처럼 아끼면서 사용하는 것이 환전이득을 보는 것보다 적게

나트랑 캄란 공항의 현금인출기ATM는 공항을 나가 정면으로 걸어가 도로가 나오면 왼쪽을 바라보면 나온다. 벽에 가려있기 때문에 찾기가 쉽지 않다.

경비를 사용할 때도 많기 때문에 장기여행자는 환전보다 인출하는 것이 좋은 방법이다.

인출하는 방법

① 카드를 ATM에 넣는다.
② 언어를 영어로 선택한다.
③ 비밀번호를 입력한다. 이때 반드시 손으로 가리고 입력해 비밀번호가 노출되지 않도록 한다. 비밀번호는 대부분 4자리를 사용하는 데 가끔 현금인출기에서 6자리를 원한다면 자신의 비밀번호 앞에 '00'을 붙여 입력하면 된다.
④ 영어로 현금인출이라는 뜻의 'Withdrawel'이나 'Cash Withdrawel' 선택한다.
⑤ 그리고 현금 계좌인 Savings Account를 누른다.
⑥ 베트남 현지 통화인 동(VND)을 선택하게 되는 데 최대금액이 3,000,000동(VND)까지 인출할 수 있는 현금인출기가 많다. 최대 5,000,000동(VND)까지 인출하는 현금인출기도 있으므로 인출할 때 확인할 수 있다.

주의사항

현금을 인출하고 나서 나갔을 때 아침이나 어두운 저녁 이후에 소매치기를 당하지 않도록 주머니나 가방에 잘 넣어서 조심히 나가는 것이 좋다. 대부분 신용카드와 통장의 계좌를 같이 사용하기 때문에 비밀번호가 노출되면 카드도용 같은 사고가 발생할 수 있으므로 조심해야 한다.

심카드 vs 무제한 데이터

베트남은 휴대폰 요금이 매우 저렴해서 4G 심 카드^{Sim Card}를 구입해 한달 동안 무제한데이터를 등록해서 사용하면 편리하다. 다 사용하면 휴대폰 매장에 가서 충전을 해달라고 하면 50,000동과 100,000동 정도를 다시 구입해 1달 정도 이상 없이 사용할 수 있다.

공항에서 심 카드^{Sim Card}를 구입하면 여권을 제시해야 한다. 이때 사기가 아닌지 걱정하는 관광객이 많은데 법으로 심 카드^{Sim Card}를 구입할 때 이용자등록을 해야 한다. 그래서 여권을 잃어버리지 않으려면 공항에서 사는 것이 가장 안전한 방법이다. 구입을 하고 나면 충전만 하면 되기 때문에 여권은 필요가 없다. 공항에서 구입하는 것이 가장 편리하고 여권을 잃어버리거나 현금을 잃어버리는 일이 없기 때문에 공항이 비싸다고 해도 공항을 이용하는 것이 현명하다.

충전을 하면 이렇게 종이로 된
입력 번호를 받고 입력하면 된다.

대한민국에서 신청을 하고 오는 관광객은 그대로 핸드폰을 켜면 무제한 데이터가 시작이 되고 문자가 자신의 핸드폰으로 발송이 되므로 이상 없이 사용할 수 있다. 예전처럼 무제한 데이터를 사용하지 않아도 많은 금액이 자신에게 피해가 되어 돌아오지 않기 때문에 걱정할 필요가 없게 되었다. 또한 하루동안 무제한 사용할 수 있는 금액이 매일 10,000원 정도였지만 하루 동안 통신사마다 베트남에서 무제한 데이터 사용금액이 달라졌기 때문에 사전에 확인을 하고 이용하는 것이 좋다.

베트남 여행 긴급 사항

베트남 내 일부 약품(감기약, 지사제 등)은 처방전이 없어도 구입이 가능하나 전문적인 치료약의 경우에는 처방전이 있어야만 구입이 가능하다. 몸이 아플 경우, 말이 잘 통하지 않는 상태에서 약국 약사의 조언만으로 약을 복용하는 것보다 가능하면 전문의의 진료를 받은 후 처방전을 받아 약을 구입·복용하는 것이 타국에서의 2차 질병을 예방하는 길이다.

긴급 연락처
범죄신고 : 113
화재신고 : 114
응급환자(앰뷸런스) : 115
하노이 이민국 : 04) 3934-5609
하노이 경찰서 : 04) 3942-4244
Korea Clinic : 04) 3843-7231, 04) 3734-6837
베트남-한국 치과 : 04) 3794-0471
SOS International **병원 : 04) 3934-0555(응급실), 04) 3934-0666(일반진료상담)**
베트남 국제병원(프랑스 병원) : 04) 3577-1100
Family Medical Practice : 04) 3726-5222 (한국인 간호사 및 통역원 상주)

의료기관 연락처
베트남 내에서 응급환자가 생겼을 경우, 115번으로 전화하여 구급차를 부를 수 있으나 거의 대부분의 115번 전화 안내원이 베트남어 구사만 가능하기 때문에 실질적으로 외국인이 이 서비스를 이용하기에는 결코 쉬운 일이 아니다.

베트남 여행 사기 유형

환전

베트남 화폐의 단위가 크기 때문에 혼동되는 것을 이용하는 사기이다. 환율을 제대로 알려주지 않고 환전을 하는 것과 제대로 금액을 확인 시켜주지 않고 환전을 하면서 대충 그냥 넘어가려고 한다. 금액을 확인하려고 하면 환전수수료(Fee)를 요청하지만 환전에는 수수료가 포함되는 것이니 환전수수료는 존재하지 않는다는 사실을 알

고 정확하게 금액을 알려달라고 똑 부러지게 이야기해야 한다. 공항에서부터 기분이 나빠지는 가장 많은 유형으로 미국달러를 가지고 가서 환전해도 사기를 당하면 아무 소용이 없어진다. 은행에서 환전을 하는 것이 가장 안전하고 사설 환전소는 사람에 따라 환전사기를 하기 때문에 반드시 확인하는 습관을 길러야 한다.

택시

택시는 비나선Vinasun, 마일린Mailin이 모범택시에 가깝다. 공항에서 내리면 다양한 택시 회사가 있어서 타게 되면 요금이 2배로 비싸지기도 하여 조심해야 한다. 상대적으로 공항이용객이 많지 않은 나트랑의 캄란 국제공항에서는 택시사기가 많지 않으나 조심해야 한다.

주위의 접근은 다 거절하고 택시를 타는 곳에 있는 하얀 와이셔츠와 검은 바지를 입고 마일린 택시나 마일린 잡아주는 택시를 타는 것이 안전하다. 때로는 택시 기사에

따라 소액의 사기를 당하는 경우도 있다. 공항에서 나와 시내로 이동할 때 당하는 수법으로 마일린Mailin, 비나선Vinasun 택시를 타면 이상이 없다고 말하지만 때로는 회사가 비나선Vinasun이나 마일린Mailin이라도 택시기사에 따라 달라진다. 공항에서 시내는 미터기를 이야기하면서 이상 없다고 타게 되는데 사전에 얼마의 금액이 나오는지 미리 알고 싶다고 이야기하고 확인하고 탑승을 해야 한다. 거스름돈을 주지 않는 택시기사가 대부분이므로 거스름돈을 팁Tip으로 줄려고 하지 않는다면 반드시 달라고 해야 한다.

나트랑Nha Trang의 택시 대신에 그랩Grab을 이용하면 사기는 막을 수 있다. 그랩Grab은 사전에 제시한 금액 이외에는 지급을 하지 않아도 되기 때문이다. 그랩Grab이 반드시 택시보다 저렴하지 않으므로 택시를 정확하게 확인만 한다면 시내까지 이상 없이 이동할 수 있다. 요즘은 차량 공유서비스인 그랩Grab을 많이 사용하고 있어서 자신이 그랩Grab의 기사라고 하면서 접근하는 경우도 있는데 그랩은 절대 먼저 접근하지 않는다.

택시비 사기 유형과 대비법

마일린Mailin, 비나선Vinasun 택시를 타도 기사가 나쁜 사람이라면 어쩔 수가 없다. 택시비를 계산하려고 지갑에서 돈을 꺼내려 하면 다른 잔돈이 없냐고 물어보면서 지갑을 낚아채 간다. 당연히 내놓으라고 소리도 치고 겁박도 하면 지갑을 되돌려 받는데, 낚아채가는 짧은 순간에 이미 돈이 일부 사라져있다.
택시기사가 전 세계의 지폐에 관심이 많다고 하면서 대한민국 화폐를 보여 달라고 하면서 친근하게 말을 거는 경우이다. 이것도 똑같이 지갑을 손에 잡는 순간, "이거야?" 하면서 지갑을 빼앗아가고, 지갑을 돌려받아 확인하면 돈이 없어지는 상황이 발생한다.
택시를 탈 때 20만 동이나 50만 동 지폐는 꺼내지 않는 것이 좋다. 편의점이나 작은 상점에서 꼭 잔돈으로 바꾸고 택시를 타야 한다. 미리 예상비용에서 5~10만 동 정도만 더 준비하여 주머니에 넣어놓고 내릴 때 요금에 맞춰서 내면 문제가 발생하지 않는다.

소매치기

이 소매치기는 전 세계 어디에서나 마찬가지인데 정말 당할 사람은 당하고, 의심이 많고 조심하면 안 당하게 되는 것 같다. 베트남에 6개월이 넘는 기간 동안 머물고 있지만 한 번도 본적도 없고 당한 적도 없다. 하지만 크로스백에 필요한 물품만 들고 다니기 때문에 표적이 될 가능성이 적다. 또한 여행하는 날, 당일에 필요한 돈만 가지고 다닌다. 그래도 소매치기를 당하는 이야기를 들었기 때문에 조심하도록 알려드린다.

가장 많이 당하는 유형은 그랩Grab의 오토바이를 타고 이동하는 중에 배 앞에 놓인 가방을 노리고 오토바이로 다가와 갑자기 손으로 낚아채 가는 것으로 호치민이나 하노이 같은 대형도시에서 많이 일어난다. 아니면 길을 건널 때 다가와서 갑자기 가방의 팔을 치고 빠르게 달아난다. 소매치기를 시도해도 당하지 않으려면 소매치기가 가방을 움켜쥐어도 몸에서 떨어지지 않도록 대비하는 것이 유일한 방법이다. 요즈음은 가방도 잘 안 들고 다니는데 없는 게 더 안전한 방법일 것이다.

옆으로 메는 크로스백(Cross Bag)
끈을 잘라서 훔쳐간다. 벤탄 시장 같은 큰 시장의 많은 사람들이 몰리는 곳은 한번 들어갔다가 나오면 열려있는 주머니를 발견할 수도 있다.

뒤로 메는 백팩(Back Pack)
제일 당하기 쉬워서 시장에서 신나게 흥정을 하고 있을 때에 표적이 된다. 뒤에서 조심조심 물건을 빼가는 데 휴대폰이나 패드, 스마트폰이 표적이 된다. 사람이 많이 몰리는 곳에서는 백팩은 앞으로 매고 다니는 것이 좋다. 백팩은 버스 같은 대중교통을 이용할 때에 많이 당하게 된다. 버스를 타고 내릴 때 지갑만 없어져 버리기도 한다.

허리에 메는 전대
허리에 메고 다니는 전대는 베트남 사람들은 전혀 안하는 스타일의 가방이라서 많이 쳐다보게 된다. 허리에 있으나 역시 사람들이 많이 있으면 허리에 있는 전대는 보이지 않으므로 소매치기의 표적이 된다.

도로, 길
대한민국처럼 핸드폰을 보면서 길을 걸으면 사고위험도 높아지고 소매치기의 좋은 타깃이 된다. 길에서 핸드폰의 사용은 자제하고 꼭 봐야한다면 도로의 안쪽에서 두 손으로 꼭

잡고 하는 것이 안전하다. 특히 대도시
의 작은 골목에서 사진을 남기고 싶은
마음에 사진을 찍다가 핸드폰을 소매치
기에게 빼앗긴 관광객이 많다. 그러면
카메라를 쓰면 소매치기의 표적이 안
되느냐 하면 그것도 아니다. 정겨운 골
목길의 사진을 찍고 싶은 마음에 사람이
없는 골목으로 들어가서 사진을 찍고 있

으면 골목 어디에선가 갑자기 오토바이가 '부웅~~~'하고 다가와서 핸드폰을 채고 가버
린다. 그러니 항상 조심하도록 하자. 현지인들이 사는 골목에 외국인 관광객이 들어가면
그들도 이상하여 쳐다보게 된다. 또한 소매치기가 어디에서인가 주시하고 있다.
핸드폰은 카페의 안에 앉아 사용하거나 사진을 찍고 싶으면 혼자가 아닌 2명이상 같이 다
녀서 표적이 되지 않도록 조심해야 하고 도로를 걷고 있으면 휴대폰은 안쪽으로 들고 있거
나 휴대폰을 안쪽에서 보도록 조심해야 한다. 또한 오토바이 소리가 난다 싶으면 핸드폰을
꼭 잡고 조심하도록 해야 한다.

인력거인 '릭샤Rickshaw'를 타고 가다가 기념하고 싶어서 긴 셀카봉에 핸드폰을 달아서 셀카
를 찍고 있으면 인력거 밖에서 오토바이를 타고 셀카봉을 채가는 일이 최근에 많이 발생하
고 있다.

카메라

최근에는 핸드폰으로 많이 사진을 찍기
때문에 빈도는 높지 않다. 커다란 카메
라를 목에 걸고 다니는 관광객이 표적
이 된다. 베트남 소매치기는 목에 걸고
다니든 허리에 걸고 다니든 상관을 안
한다.
오토바이로 채가면서 목에 걸고 있는 카
메라를 빼앗기는 상황에서 넘어지게 되
는데 카메라 줄이 목이 졸리게 되든지
다른 오토바이에 치이든지 상관을 안 하
게 되므로 사고의 위험이 높다.
목에 걸고 있으면 위험하다. 사진을 찍
고 나서 가방에 잘 넣어놔야 한다. 삼각
대를 사용해 사진을 찍는 관광객은 대도
시의 관광지에서는 삼각대에 놓는 순간
사라질 수 있다는 사실을 알고 조심해야
한다.

베트남 여행의 주의사항과 대처방법

로컬 시장

시장이 활기차고 흥정하는 맛도 있어서 시장을 선호하는 관광객도 많다. 시장에서는 늘 돈을 분산해서 가지고 다니는 것이 안전하다. 베트남사람들 앞에서 돈의 액수가 얼마나 있는지 보여 주는 것은 좋지 않다. 의심이라고 할 수도 있지만 문제가 발생하기 때문에 어쩔 수가 없다. 시장을 갈 일이 생기면 예상되
는 이동거리의 왕복 택시비를 주머니에 넣고 혹시 모르는 택시비의 추가 경비로 10만동 정도를 가지고 시장에서 쓸 돈은 주머니에 넣는다. 지폐는 손에 들고 다녀도 된다.

레스토랑 / 식당

음식점에서 음식값이 다르게 계산되는 일은 빈번히 일어난다. 가장 빈번한 유형은 내가 주문하지 않은 음식이 청구되어 계산서에 금액이 올라서 놀라는 것이다.
2,000동 정도이면 물수건 사용금액이고, 10,000동이면 테이블위에 있는 서비스로 된 땅콩 등이 청구되
는 것이지만 계산서에는 150,000~200,000동 정도가 추가되어 있는 것이다. 그러므로 계산을 할때는 반드시 나가기 전에 확인을 하고 하나하나 확인하는 것이 유일한 대비법이다. 다른 관광객은 "뭐 그렇게 따지나?"하고 생각할 수 있지만 당하지 않으면 기분이 나쁜 것을 모른다. 그러므로 반드시 확인해야 한다. 베트남에 오랜 시간 동안 있었지만 이것은 오래있던지 처음이던지 상관없이 어디에서나 일어나는 일이고 베트남 사람들도 반드시 계산할 때에 확인하는 습관이 있다는 사실을 알고 있다면 일일이 따지는 것은 문제가 되지 않는 행동이며 당연하게 확인해야 하는 습관이다.

레스토랑이 고급이던지 아니던지 상관없이 당당하게 과다청구 하는 경우는 흔하다. 만약 영수증이 베트남어로 되어 있다면 확인은 어렵지만 일일이 물어보면 확인할 수 있다.
베트남은 해산물 음식이 저렴하지 않다. 관광객은 동남아 국가이기 때문에 막연하게 해산물이 저렴하다고 생각하지만 저렴하지 않기 때문에 청구되는 음식가격도 만만치 않은 금액이 된다. 가격을 확인하지 않고 주문하면 계산서에 나오는 금액은 폭탄맞은 상황이 될 수 있어서 주문할 때도 확인을 하면서 해산물을 주문하는 것이 좋다. 늘 주문하기 전에 가격을 확인하는 습관이 필요하다.

팁^{TIP} 문화

원래부터 베트남에 팁^{TIP}문화가 있었던 것은 아
니지만, 최근에 해외 관광객의 증가로 인해 차
츰 팁을 주는 분위기가 생겨나고 있다. 호텔이
나 고급 레스토랑 등에서 일하는 종업원들은
손님으로부터 약간의 팁을 받는 것을 기대하고
있다. 그럴 때 팁 금액이 크지 않으므로 적당하
게 팁을 주는 것이 더 좋은 서비스를 받을 수
있는 방법이기도 하다.

팁^{TIP} 금액은 호텔 포터는 10,000~20,000동, 침실 청소원은 10,000~20,000동, 고급 레스
토랑은 음식가격의 5%이내 정도이다.

신용카드

해외에서 여행을 하면 해외에서도 사용이 가능한 비자와 마스터 카드 등을 가지고 온다. 베
트남에서 유명한 호텔이나 롯데마트 등에서 비자카드 사용은 괜찮다. 그런데 이중결제가
되는 경우가 은근이 많다.

어제, 결제했는데 갑자기 오늘 또 결제된 문자가 날아오는 경우도 있다. 수상한 문자가 계
속 오기 때문에 기분이 찜찜한 것은 어쩔 수 없다. 레스토랑에서 신용카드로 결제하고 이중
결제가 된 경험 이후에는 반드시 현금으로 결제를 하는 습관이 생겼다. 음식 가격이 부족하
다면 인근의 ATM에서 현금인출을 하고 현금으로 주게 된다.

그랩(Grab)

그랩^{Grab}은 동남아시아 여행에서 반드시 필요한
어플이다. 차량 공유서비스인 그랩^{Grab}으로 위
치와 금액을 확인하고, 확인된 기사와 타면 된
다. 간혹 관광지에서 그랩^{Grab}의 기사를 찾는 것
이 택시기사 찾는 것 보다 힘든 경우가 있지만
대부분의 상황에서 그랩^{Grab}은 편리한 이동 서
비스이다.

가끔 이동하는 장소까지 택시를 타려고 하면, "지금 시간이 막히는 시간이라 2배 이상의
가격을 달라"는 것은 베트남에서 현지인에게도 흔하게 발생하는 일이다. 그래서 "안탄다."
하고 내리면 흥정을 하면서 타라고 하는 경우가 흔하다. 그래서 현지인들도 그랩^{Grab}을 상
당히 많이 이용하고 있다.

꼭 택시를 타야 하는 상황이 아니면 그랩^{Grab} 오토바이도 나쁘지 않다. 그랩^{Grab}으로 아르바
이트를 하는 학생들도 있어서 택시보다 잘 잡힌다. 그랩^{Grab} 어플에 결제수단으로 카드를
등록해놓는 데 비양심적인 기사가 가격을 부풀려서 결제해버리는 경우가 있다. 그래서 반
드시 현금으로 결제를 하는 것이 좋은 방법이다.

버스 이동 간 거리와 시간

베트남은 남북으로 길게 해안을 따라 이어진 국토를 가지고 있어서 북부의 하노이^{Hanoi}와 남부의 호치민^{Ho Chi Minh}은 역사적으로나 문화적으로 다른 특징을 가지고 있었다. 프랑스의 식민지가 되면서 베트남이라는 나라로 형성되면서 현대 베트남의 기초가 만들어졌다. 호치민이 베트남전쟁을 통해 남북을 통일하면서 하나의 베트남이 탄생하게 되었다.

그러므로 베트남 전체를 여행하려면 남북으로 길게 이어진 도시들을 한꺼번에 여행하기는 쉽지 않다. 그래서 베트남 도시들은 북부의 하노이^{Hanoi}, 중부의 다낭^{Da Nang}, 중남부의 나트랑^{Nha Trang}, 남부의 호치민^{Ho Chi Minh}이 거점도시가 된다. 이 도시들은 기본 도시로 약 12시간이상 소요되는 도시들로 베트남의 대도시라고 할 수 있다. 중간의 작은 도시들이 4~8시간을 단위로 묶여서 하루 동안 많은 버스들이 오고 가고 있다.

남부의 호치민^{Ho Chi Minh}과 중남부의 나트랑^{Nha Trang}은 10시간을 이동하는 도시로 해안을 따라 이동하므로 이동거리가 길지만 시간은 오래 걸리지 않는다. 하지만 호치민^{Ho Chi Minh}에서 고원도시인 달랏^{đà lạt}까지 거리는 짧지만 이동시간은 길다.

각 도시를 연결하는 버스들은 현재 4개 회사가 운행 중이지만 넘쳐나는 베트남 관광객으로 실제로는 더 많은 버스회사들이 운행을 하고 있다. 호치민에서 달랏, 무이네과 나트랑에서 무이네, 달랏까지는 매시간 다양한 버스회사의 코치버스가 운행을 하고 있다.

베트남의 각 도시를 이어주는 코치버스는 일반적으로 앉아서 가는 버스도 있지만 이동거리가 길어서 누워서 가는 슬리핑 버스가 대부분이다. 예전에는 앉아서 가는 버스도 많았지만 점차 슬리핑버스로 대체되고 있는 상황이다.

사파 (Saoa)	하노이				
		0830 AM	0230 PM	5.5 hours	290km	Sleeping
		01:30 PM	07:00 PM	5.5 hours	290km	Sleeping
		03:30 PM	09:00 PM	5.5 hours	290km	Sleeping
		10:00 PM	03:30 AM +1	5.5 hours	290km	Sleeping

하노이 (Hanoi)	후에	06:00 AM	07:00 AM +1	13 hours	684km	Sleeping
	사파	07:30 AM	01:00 PM	5.5 hours	290km	Sleeping
		01:30 PM	07:30 PM	5.5 hours	290km	Sleeping
		10:00 PM	03:30 AM +1	5.5 hours	290km	Sleeping
	마이쩌우	06:30 AM	10:30 AM	4 hours	140km	Sitting
	목짜우	06:30 AM	12:00 PM	6.5 hours	191km	Sitting
	하롱	07:45 AM	12:00 PM	4 hours	150km	Sitting
	깟바섬	07:45 AM	11:45 AM	4 hours	150km	Sitting
		11:15 AM	03:15 PM	4 hours	150km	Sitting
		02:15 PM	06:15 PM	4 hours	150km	Sitting
	난닝	09:00 AM	05:00 PM	8 hours		Sitting
	르앙프라방	05:00 PM	06:00 PM +1	24 hours		Sleeping
	방비엥	05:00 PM	06:00 PM +1	24 hours		Sleeping / Sitting
	비엔티엔	05:00 PM	03:00 PM +1	20 hours		Sleeping
	사반나케트	09:00 AM	03:00 PM +1	20 hours		Sleeping / Sitting

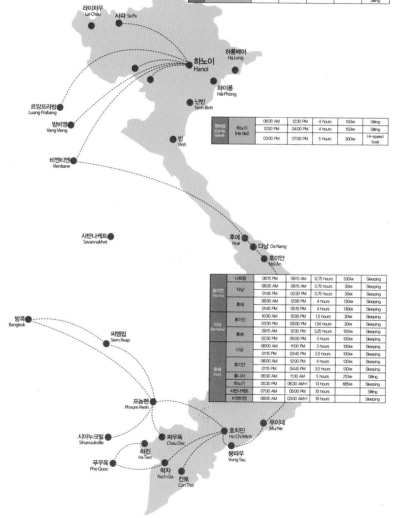

깟바섬 (Cat Ba Island)	하노이 (Ha Noi)	0830 AM	12:30 PM	4 hours	150km	Sitting
		12:00 PM	04:00 PM	4 hours	150km	Sitting
		03:00 PM	07:00 PM	5 hours	300km	H-speed boat

호이안 (Hoi An)	나트랑	06:15 PM	09:15 AM	12.75 hours	530km	Sleeping
	다낭	08:30 AM	09:15 AM	0.75 hours	30km	Sleeping
		01:45 PM	02:30 PM	0.75 hours	30km	Sleeping
	후에	08:30 AM	12:00 PM	4 hours	130km	Sleeping
		01:45 PM	05:15 PM	4 hours	130km	Sleeping
다낭 (Da Nang)	호이안	10:30 AM	12:00 PM	1.5 hours	30km	Sleeping
		03:30 PM	05:00 PM	1.54 hours	30km	Sleeping
	후에	09:15 AM	12:30 PM	3.25 hours	100km	Sleeping
		02:30 PM	05:00 PM	3 hours	100km	Sleeping
후에 (Hue)	다낭	08:00 AM	11:00 PM	3 hours	100km	Sleeping
		01:15 PM	03:45 PM	2.5 hours	100km	Sleeping
	호이안	06:00 AM	12:00 PM	4 hours	130km	Sleeping
		01:15 PM	04:45 PM	3.5 hours	130km	Sleeping
	퐁니아	06:30 AM	11:30 AM	5 hours	210km	Sitting
	하노이	05:30 PM	06:30 AM+1	13 hours	685km	Sleeping
	사반나케트	07:00 AM	05:00 PM	10 hours		Sitting
	비엔티엔	08:00 AM	03:00 AM+1	19 hours		Sleeping

베트남
농촌 풍경

다낭 한 달 살기 계획하는 방법

베트남은 북부 하노이부터 남부의 호치민까지 길게 이어진 국토를 가지고 있고 수도인 하노이는 북부에 치우쳐 있는 특징이 있다. 베트남의 대표적인 여행지인 수도 하노이^{Hanoi}와 중부의 관광 도시인 다낭, 경제 도시인 호치민^{Hochiminh}이 있는 남부까지 여행을 하려면 '일정 배정'을 잘해야 할 정도로 긴 국토를 가진 나라로 남부와 북부가 하나로 통합되기는 쉽지 않았다.

2018년을 기점으로 베트남에는 단기 여행을 하는 것이 아니라 오래 머무는 여행자가 늘어나기 시작했다. 수도인 하노이^{Hanoi}와 남부의 호치민^{Hochiminh}이 아닌 중부의 관광 도시인 다낭^{Danang}, 호이안^{Hoian}, 후에^{Hue}로 여행자도 늘어났지만 한 달 살기로 부르는 장기 여행자는 상당한 숫자였다. 그 목적이 여행이나 사업 준비 등으로 다양하다. 장기 여행자는 마음가짐이나 준비물 등이 다르기 때문에, 한 달 살기를 위해 준비할 사항을 알아보자.

일정 배정

다낭^{Danang}, 호이안^{Hoian}, 후에^{Hue}에서 한 달 살기를 어디에서 할지는 개인의 선택이다. 한 달 살기라고 하여 정확하게 1달을 지내려고 하면 머릿속으로 어느 정도 간단한 계획은 있어야 한다. 처음 1주일은 자신이 예약한 숙소에서 주위를 둘러보면서 지역을 파악하고 새로운 숙소를 찾아다니는 것이 중요하다. 처음에 모르는 다낭의 숙소를 1달을 예약하고 들어왔다면 1달 동안 이동하지 못하고 자신이 원하지 않는 숙소에서 지내는 것은 쉬운 일이 아니다.

2번째 주부터 자신이 배우고 싶거나 운동을 하고 싶은 스포츠를 배워가는 것이다. 발리나 치앙마이가 한 달 살기의 성지처럼 이야기할 수 있는 이유는 배우거나 요리를 할 수 있는 여건이 잘 되어 있기 때문이다. 숙소와 자신이 할 수 있거나 배울 수 있는 것이 생기면 나머지 2주는 이어서 계속 무엇인가를 할 수 있는 여건이 조성되므로 한 달 살기를 수월하게 할 수 있을 것이다.

■ 숙박 오류 확인

베트남이나 다낭만의 문제는 아닐 수 있으나 최근의 자유여행을 가는 여행자가 많아지면서 베트남 다낭, 호이안, 후에에도 숙박의 오버부킹이나 예약이 안 된 오류가 발생할 수 있다. 분명히 호텔 예약을 했으나 오버부킹이 되어 미안하다고 다른 호텔이나 숙소를 알아봐야겠다고 거부당하기도 하고, 부킹닷컴이나 에어비엔비 자체시스템의 오류가 생기는 경우도 발생하고 있으니 사전에 숙소에 메일을 보내 확인하는 것이 중요하다. 처음으로 한 달 살기에서 가장 중요한 숙소문제가 발생하면 한 달 살기의 첫 단추부터 꼬여버리는 상황이 만들어진다.

한 달 살기라고 해도 다낭에 오지도 않고 숙소를 인터넷으로 예약하면 자신이 원하지 않는 숙소에서 지내는 상황이 발생할 수 있다. 그래서 첫 주에는 다낭이라는 도시를 알게 되는 시간이라고 생각하고 숙소를 알아보고 주변의 로컬 음식을 먹어보면서 어떻게 지낼지 알아보는 시간이 필요할 수 있다.

■ 여행을 하고 싶다면

베트남에서 한 달 살기를 하지만 여행을 하고 싶다면 어떻게 여행계획을 세울 것인지도 중요하다.

북부의 하노이, 남부의 호치민, 나트랑으로 이동하는 데 국내선 비행기로 2~3시간이 소요된다. 그래서 주말에 주말여행을 계획을 세우고 비행기를 이용해 여행을 하면 간단하게 여행을 할 수 있다.

주의사항

여행 계획은 시간의 여유를 두고 해야 한다. 오전에 출발해서 다른 도시를 이동한다고 해도 오후까지 이동하는 시간으로 생각하고 그 이후 일정을 비워두는 것이 현명하다. 왜냐하면 비행기로 이동할 때 시간을 맞춰서 미리 도착해야 하고 비행기로 이동하여 해당 도시에 도착해 숙소로 다시 이동하는 시간 사이에 어떤 일이 일어날지 모른다. 여행에서는 변화가 발생하기 때문에 항상 변화무쌍하다고 생각해야 한다.

■ 마지막 날 공항 이동은 여유롭게 미리 이동하자.

대중교통이 대한민국처럼 발달되어 정확하고 다양한 방법으로 공항으로 이동할 수 있다고 이해하면 안 된다. 특히 마지막 날, 오후 비행기라고 촉박하게 시간을 맞춰 이동한다면 비행기를 놓치는 경우가 발생한다. 그래서 마지막 날은 일정을 비우거나, 넉넉하게 계획하고 마지막에는 쇼핑으로 즐기고 여유롭게 다낭 국제공항으로 이동하는 것이 편하게 여행을 마무리할 수 있다.

베트남 사람들이 해산물을 저렴하게 즐기는 방법

베트남은 남북으로 길게 뻗어 해안을 끼고 있는 국토를 가지고 있는 나라이다. 그래서 베트남의 해산물과 생선요리는 저렴할 것이라고 생각하지만 실제로 해산물 요리를 먹으려고 레스토랑에 가면 비싼 가격에 놀라게 된다. 그런데 관광객에게만 해산물 요리가 비싼 것이 아니다. 베트남 사람들에게도 해산물 요리는 매우 비싼 요리로 쉽게 먹을 수 있는 요리는 아니다. 그래서 해안에 사는 베트남 사람들이 해산물과 생선요리를 저렴하게 먹는 방법이 있었다. 그들과 함께 오랜 시간을 보내면서 어촌 마을의 하루를 알 수 있었다.

매일 새벽 해안에서 잡은 해산물은 작고 동그란 배들이 다시 싣고 바닷가로 가지고 온다. 그 전에는 TV타큐멘터리에서 이런 장면이 베트남 중부의 무이네Muine에만 나와서 무이네의 고유한 것들이라고 알고 있었지만 베트남의 해안에는 어디를 가든지 비슷한 장면을 볼 수 있다. 무이네Muine, 나트랑Nha Trang, 푸꾸옥Phu Quoc 등의 어촌에서 비슷하다.

해안에 도착한 생선들과 해산물은 많은 여성들이 받아서 경매를 하기 시작한다. 크고 신선한 생산과 해산물은 인근의 유명하고 인기 있는 레스토랑과 음식점에서 매일 판매를 해야 하므로 경매로 제일 먼저 판매된다.

다음으로 작은 식당에서 다시 해산물을 구입하고 나면 아침의 판매는 끝이 난다. 여성들은 빠르게 집으로 돌아가 자식들에게 아침을 먹여야 하기 때문에 집으로 돌아간다. 이때가 처음으로 해산물과 생선을 저렴하게 구입할 수 있는 때이다. 잘 흥정을 하면 그냥 돌아가느니 저렴하게라도 팔고 싶은 판매자에게 해산물을 저렴하게 구입할 수 있다.

그렇게 끝이 나는 아침의 경매시장에도 남아 있는 사람들이 있다. 이들은 결혼하지 않은 여성들이 대부분으로 조금 늦게 일어나서 아침을 먹고 나온 여성들이다. 남아있는 생선과 해산물은 계속 판매를 한다. 아직은 크고 신선한 해산물과 생선요리가 필요한 상인들과 레스토랑이 있기 때문에 판매를 한다.

시간이 지나면서 판매를 하고 남아있는 생선과 해산물은 신선도가 떨어지면서 가격이 떨어지고 점심식사를 하고 나면 거의 해산물과 생선은 없어진다. 오후가 되면 해산물을 먹고 싶은 근처에 살고 있는 사람들이 오면서 남아있는 조개나 크랩 등을 구입하게 된다. 생선은 대부분 오전에 판매를 하고 오후에는 상할 수 있으므로 판매를 하지 않는다.

남아있는 해산물은 모두 떨이로 판매를 하므로 커다란 바구니에 담아 판매를 한다. 신선도는 떨어지고 크지도 않은 해산물이 같이 있지만 바구니채로 판매를 하므로 양이 많고 저렴하다. 대부분 현지에 사는 사람들에게 판매를 하기 때문에 저렴하게 빨리 팔고 돌아가려는 판매자들도 적당한 가격을 부르기만 하면 팔게 된다. 흥정이 많이 필요하지 않다. 왜냐하면 여기서 못 팔게 되면 어차피 상하여 버리게 될 수밖에 없기 때문이다.

100,000~200,000동(약 5,000~10,000원)에 엄청난 양의 해산물을 먹을 수 있다. 구입한 해산물은 인근 레스토랑에서 요리를 해 온다. 오후가 되면 인근의 레스토랑은 저녁 장사를 하기 위해 판매를 준비하고 요리를 할 수 있도록 불도 피워놓기 때문에 저렴하게(30,000~50,000동) 요리를 해준다. 그렇게 요리까지 되면 가족들이 모두 모여 해산물을 먹으면서 이야기꽃을 피운다. 내가 이들과 같이 흥정하기도 하지만 베트남어를 못하는 내가 이 장소에 있다는 것만으로 현지인들은 신기해하고 원하는 가격에 해산물이 가득 찬 바구니를 주었다. 오히려 나에게 더 저렴하게 주기 때문에 내가 흥정에 나서는 것이 더 저렴할 때도 많아지는 신기한 경험을 할 수 있었다.

베트남 라면, 쌀국수

베트남은 500개 이상의 라면 상품이 경쟁하는 라면 소비국이다. 베트남의 총 라면 소비량은 50억 6천만 개로 세계에서 5번째로 라면 소비를 많이 하고 있다. 연간 1인당 라면 소비량은 1위인 대한민국이 73.7개에 이어 53.5개인 베트남이 2위이다. 베트남은 봉지라면 시장이 컵라면 시장보다 압도적으로 높았지만 최근에 편의점 증가로 컵라면 소비가 증가할 것으로 전망하고 있다.

하오하오(Hao Hao)

베트남 사람들에게 가장 사랑받는 라면 브랜드는 하오하오^{Hao Hao}라고 한다. 1993년 베트남 라면시장에 진출한 일본의 에이스쿡 베트남^{Acecook Vietnam}은 하오하오^{Hao Hao} 브랜드를 포함한 라면 브랜드를 만들어내면서 베트남 라면시장의 절대 강자로 알려져 있다.
일본에서 온 기업이 일본의 기술로 안전하고 위생적

하오하오(Hao Hao)의 다양한 라면들

새우라면
새우 라면은 "Hao Hao Tom chua cay"라고 써 있다. 'Tom chua cay'은 새콤하고 매운 새우 라면이라는 뜻으로 베트남을 여행하는 한국인 관광객에게 가장 인기 많은 라면이다. 라면을 맛보면 고수 맛과 신맛이 느껴지는 전형적인 베트남 라면이다. 국물은 조금 매콤하고 면발은 쫀득쫀득한 느낌이 든다.

돼지고기라면
돼지고기라면은 'Thit bam bi đo'이라고 적혀있다. 잘게 썰어진 돼지고기가 들어가 있는데, 개인적으로 베트남 라면 중에서 가장 좋아하는 맛이다. 투명한 봉지 안에 돼지고기 국물 맛을 내기 위해 들어가는 소스에서 참기름 같은 냄새가 나서 고소한 맛이 느껴진다. 면발이 탱글탱글하게 유지되어 더 맛있게 느껴진다. 맵지 않고 돼지고기 같은 진한 국물이 느껴져 무난하게 추천할 수 있는 라면이다.

으로 만든 제품이라는 점을 부각시키면서 베트남 소비자들에게 크게 다가왔기 때문이다. 저렴한 제품가격으로 시장경쟁력을 높이고 성공을 거두었으나 48.2%에 달하던 시장 점유율이 최근에 32.2%까지 떨어졌다.

'새우 향이 들어간 시고 매운 맛vi tom chua cay'의 제품을 가장 먼저 출시했고, 변화하는 현지의 라면 트렌드에 맞춰 다양한 맛과 향의 제품을 개발해 현재 7가지 맛의 하오하오Hao Hao 라면이 출시되어 있다.

오마치(Omachi)

프리미엄 라면 시장에는 마산Masan이 코코미Kokomi와 친수Chinsu 브랜드를 출시했으나, 시장에서 호응을 얻지 못했다. 오랜 연구개발 끝에 오마치Omachi가 성공을 거두었다. 베트남 사람들은 밀가루가 함유된 음식을 많이 섭취하면 신체의 온도가 높아져 피부 트러블이 생기므로 건강에 해롭다는 인식이 라면 소비를 꺼리게 만드는 원인이었다. 감자전분으로 만든 라면 오마치Omachi는 '맛있으면서 열도 나지 않는다Ngon ma khong so nong(응온 마 콤 써 놈)'는 문구로 베트남 인들을 사로잡았다.

짝퉁 라면 하오 항(Hao Hang)

기존의 라면보다 작은 크기로 포장돼 나오는 하오하오Hao Hao 디자인을 아시아 푸즈Asia Foods사가 도용해 유사 라면인 하오 항Hao Hang을 만들어 일시적으로 성공을 거두었으나 소비자의 외면을 받으면서 현재 생산을 중단한 상태이다.

쇠고기 쌀국수

비폰(Vifon)

'Thit Bo'는 '쇠고기'라는 뜻으로 비폰Vifon의 쇠고기 쌀국수는 베트남 마트에서 인기가 많은 쌀국수로 알려져 있다. 비폰Vifon의 쇠고기 쌀국수는 베트남 식당에서 파는 쌀국수의 맛과 비슷하게 만들기 위한 흔적이 보인다.

쌀국수 면과 쇠고기, 분말스프, 소스를 넣어 국물을 만드는 스프와 칠리소스, 채소가 들어가 있다. 쌀국수 면이 넓고 두꺼워 골고루 익을 수 있도록 1~2분 정도 더 시간을 두고 나서 먹으면 더욱 맛이 좋다.

마이 마이 포 보(Nho Mai Mai Pho Bo)

에이스쿡Acecook은 '오래가는 기억Nho Mai Mai Pho Bo'이라는 문구로 소비자에게 어필을 하고 있다. 오래 간직할 수 있는 베트남의 전형적인 쌀국수 맛을 담도록 만들었다. 비폰Vifon의 쌀국수가 소고기 맛이

진하게 느껴진다면 에이스쿡Acecook의 쌀국수는 피시소스 맛이 느껴지는 것이 차이점이다.

포24(Pho24)

포24PHO24는 베트남에서 유명한 쌀국수 체인점이다. 대표적인 베트남의 쌀국수를 집에서도 간단하게 조리해 먹을 수 있도록 개발되었다. 포24Pho24의 쌀국수에는 체인점과 동일하게 채소, 쌀국수 면, 국물을 그대로 담도록 노력했다고 한다.

양념도 4가지나 들어가 있어서 개인적인 입맛에 맞도록 양념을 넣으면 된다. 다른 쌀국수 제품과 비교했을 때 국물과 향은 평범해서 식상해질 수 있는데 면으로 쫄깃한 맛을 느낄 수 있어 씹는 느낌이 좋다.

음식주문에 필요한 베트남 어

매장

커피숍 | QUÁN CÀ FÊ | 관 까페
약국 | TIỆM THUỐT | 뎀 톳

음식

햄버거 | HĂM BƠ CƠ | 함 버 거
스테이크 | THỊT BÒ BÍT TẾT | 틱 버 빅 뎃
과일 | HOA QUẢ | 화 과
빵 | BÁNH MÌ | 바잉 미
케이크 | BÁNH GA TÔ | 바잉 가 도
요거트 | SỮA CHUA | 스어 주으어
아이스크림 | KEM | 갬
카레라이스 | CƠM CÀ RI | 껌 까리
쌀국수 | PHỞ | 퍼
새우요리 | MÓN TÔM | 먼 덤
해산물요리 | MÓN HẢI SẢN | 먼 하이 산
스프 | SÚP | 습

육류

고기 | THỊT | 틱
쇠고기 | THỊT BÒ | 틱 버
닭고기 | THỊT GÀ | 틱 가
돼지고기 | THỊT HEO | 틱 해오

음료

커피 | CÀ FÊ | 까 페
콜라 | CÔ CA | 꼬 까
우유 | SỮA TƯƠI | 스어 드이
두유 | SỮA ĐẬU | 스어 더오
생딸기주스 | SINH TỐ DÂU | 신 또 져우

술

생맥주 | BIA TƯƠI | 비아 뜨으이
병맥주 | BIA CHAY | 비아 쟈이
양주 | RƯỢU MẠNH | 르으우 마잉
와인 | RƯỢU VANG | 르으우 반

양념

간장 | XÌ DẦU | 씨 져우
겨자 | MÙ TẠC | 무 닥
마늘 | TỎI | 더이
소금 | MUỐI | 무오이
고추 | ỚT | 엇
소스 | NƯỚC XỐT | 느웃 솟
설탕 | ĐƯỜNG | 드으엉

참기름 | DẦU MÈ | 져우 매
된장 | TƯƠNG | 뜨 응

베트남 로컬 식당에서 주문할 때 필요한
베트남어 메뉴판

베트남에서 현지 식당에서 주문을 할 때 가장 애로사항이 되는 것은 무엇인지를 몰라 주문을 제대로 했는지 잘 모르겠다는 것이다. 사진으로 된 메뉴판을 가지고 있다면 관광객이

Bach Tuộc (낙지)	59,000
Con Tôm (새우)	59,000
mực (오징어)	59,000
Cá trứng (삶은 계란)	50,000
Éch (개구리)	60,000
Lòng Non (곱창)	49,000
Ba Chỉ Heo (돼지)	59,000
Sườn Heo (새끼 돼지 갈비)	59,000
Bao Tử Cá Ba Sa (물고기 내장)	59,000
Sụn Gà (닭 연골)	59,000
Mề gà (닭 똥집)	59,000
Vây Cá hồi (연어 지느러미)	49,000
Sườn cá sấu (악어 갈비)	59,000
Heo Tộc Nướng (구운 돼지고기)	59,000
Nai Nuôi Nướng (구운 사슴고기)	59,000
Vú dê (염소 가슴)	59,000

오징어

돼지고기

Bò Luộc (삶은 소고기)	59,000
Bò Nướng Cục (양념 소고기 구이)	59,000
Bò Nướng Tảng (양념 육우 구이)	59,000
Bò Lụi Sả (소고기 레몬그라스 꼬치)	50,000
Sườn Nướng (개구리)	60,000
Bắp Nướng (옥수수 구이)	49,000
Thăn Bò Nướng (소고기 안심 구이)	59,000
Gân Hấp Sả (레몬 그레스 & 힘줄)	59,000
Nấm Sữa Nướng (구운 소세지)	59,000
Bò Lá Lốt Mỡ Chài (소고기 & 물고기 기름)	59,000
Gân Bò Tiềm (소고기 힘줄)	59,000
Lá Sách, Tổ Ong, Thăn Long Hấp	49,000
Lẩu Đuôi Bò (소꼬리 전골)	59,000
Lẩu Dung Bò (암소 전골)	59,000
Lẩu Bò (소고기 전골)	59,000

오는 완전 로컬 식당은 아니다. 로컬 식당은 저렴하기도 하지만 직접 베트남 사람들이 먹는 음식들을 주문할 수 있고 바가지를 쓰지 않게 되므로 보면서 확인하고 주문하면 이상 없이 현지인과 함께 식사를 하고 즐거움을 나눌 수 있다. 메뉴판에 직접 표시하여 현지에서 보면서 주문하면 도움이 될 것이다.

Cá Viên Ran Củ (야채 생선 꼬치)	59,000
Tôm Viên Saté (새우 꼬치구이)	59,000
Hồ Lô Nướng (소세지 꼬치구이)	50,000
Dậu Bắp (오크라)	60,000
Bò Viên Sa Tế (소고기 완자)	49,000
Thanh Cua Nướng (게살 구이)	59,000
Tôm Hùm Viên (바다 가재)	59,000
Chạo Sả (어묵 레몬그라스 꼬치)	59,000
Chạo Thịt Cuộn Mía Lau (다진 고기롤 & 사탕수수)	59,000
Xúc Xích Đức (독일 소세지)	59,000
mực Viên (먹물 오징어)	49,000
Ốc Viên (달팽이)	59,000
Bò Muối Ớt (매운 소고기)	59,000
Ba Chỉ Cuộn Nấm (버섯 롤)	59,000

소고기

Gà Thả Vườn	+ Hấp Hành (찐 양파)	145,000
	+ Nướng (그릴)	145,000
	+ Tiếm Ớt Sim (삶은 닭)	160,000
Cơm Chiên	+ Trứng (계란 후라이)	145,000
	+ Bò Bấm (암소)	145,000
	+ Gà Xé (닭고기)	160,000
	+ Cá Mặn (생선)	160,000
Mì Xào	+ Xào Bò (소고기 튀김)	145,000
	+ Xào Rau (야채 볶음)	145,000
	+ Salad Trộn Trứng (삶은 달걀 샐러드)	160,000
	+ Salad Trộn Bò (소고기 샐러드)	160,000
	+ Salad Cá Hộp (참치 샐러드)	160,000

악어고기

염소고기

베트남 맥주의 변화

베트남의 맥주 소비량은 31억 ℓ 로 동남아시아 국가 중 최대로 아시아로 넓혀도 일본, 중국 다음으로 맥주 소비가 많은 국가이다. 베트남은 매년 6%에 가까운 경제성장률을 거두면서 베트남 소비자들의 생활수준이 향상되고 있다.

그래서 저녁의 맥주 소비가 즐거운 저녁시간을 가질 수 있게 되었다. 실제 통계에서도 베트남의 맥주 생산량은 31억 4000만 ℓ 로 8.1% 성장하여 베트남의 맥주 소비와 생산량은 37억 ~38억 ℓ 에 달할 것으로 예상하고 있다.

2018년에 박항서 감독은 베트남 축구의 변화를 이끌고 베트남 사람들의 자존심을 세워주는 역할을 했다. 그런데 베트남의 축구경기를 하는 날에는 맥주를 주문하는 것을 보면서 상당한 변화가 있다는 사실을 알게 되었다.

예전 같으면 저가 생맥주인 비어 허이Bia hoi를 주문해 마셨을 사람들이 비아 사이공Bia Saigon을 주문하거나 베트남에서 고급 맥주로 알려진 타이거 맥주Tiger Beer를 주문해 마시고 있는 것이었다. 병맥주와 캔 맥주 생산량이 증가하면서 저가가 아닌 고급 맥주시장인 병맥주와 캔 맥주 시장이 뜨고 있다. 그래서 박항서 감독은 베트남의 고급 맥주 시장을 열어주고 활성화시킨 장본인이라고 할 정도로 고급 맥주의 소비를 급등시켰다.

비어허이(Bia hoi)

보리가 아닌 쌀, 옥수수, 칡 등의 값싼 원료로 만들어진 생맥주로 거리 노점이나 현지 식당에서 잔이나 피쳐 등으로 판매되고 있다. 잔당 가격이 6,000~10,000동(300~500원)으로 아직 지갑이 가벼운 서민들에게 크게 사랑을 받은 맥주의 대명사였지만 최근에 고전 중이다.

대형 맥주회사에서 비어 허이를 생산하지만 대부분의 비어 허이는 정부로부터 사업 허가를 받지 않은 영세 사업장에서 생산된 것이다. 제조, 운반 과정에서의 위생 상태를 보장할 수 없고 다량생산을 위해 제조 과정에서 충분한 발효기간을 거치지 않고 출고하는 경우가 많았다. 비어 허이를 많이 마시면 두통이나 어지러움 등의 증상이 유발된다고 하는데 충분한 발효과정을 통해 제거되지 못한 맥주 효모 속 독소 때문이라고 한다.

로컬 맥주 비비나 맥주(Bivina Beer)

1997년 10월에 비비나(Bivina) 맥주는 푸꾸옥(Phu Quoc)에서 생산을 하기 시작했다. 아로마 & 곡물 맛이 건조하고 평균적이지만 상쾌한 맛을 낸 전통 맥주이다. 부드럽고 시원한 향을 내지만 맛이 약해서 호불호가 갈린다. 점점 마시는 사람들이 줄어들면서 하이네켄(Heineken) 맥주와 함께 푸꾸옥(Phu Quoc)에서 생산하고 있다. 다만 맥주의 맛은 하이네켄(Heineken)과 전혀 다르다.

타이거(Tiger), 하이네켄(Heineken)과 함께 인기 있는 프리미엄 브랜드로 성장시키기 위해 맥주 생산을 하지만 인지도는 높아지지 않고 있다. 우리가 마시던 '카스'와 비슷한 맛을 낸다고 볼 수 있다.

베트남 캔 커피

'Ca Phe'는 커피라는 뜻이고 'Sua'는 우유, 'Da'는 얼음을 뜻하는 베트남어이다. 600~700원의 가격에 캔 커피가 베트남의 마트에서 판매가 되고 있다. 세계에서 두 번째로 큰 커피 수출 국가인 베트남에서 캔 커피로 대변되는 인스턴트 커피산업은 성장하지 못하고 있다.

베트남 마트에 있는 음료수가 있는 냉장고를 보면 버디Birdy, 네스카페Nescafe, 하이랜드 커피Highland Coffee, 마이 카페My Café 4가지 캔 커피 브랜드는 다른 음료수 중 하나일 뿐이다. 베트남 사람들은 원두커피를 좋아하기 때문에 캔 커피에 대한 관심은 떨어진다. 하지만 경제 성장이 높아지는 나라들이 인스턴트커피에 대한 관심이 높아지고 소비되는 것을 보면 베트남에서도 관심이 올라갈 것으로 보인다.

버디Birdy 캔커피 브랜드를 일본 기업이 처음으로 베트남으로 가져와 치열하게 경쟁하고 있다. 네슬레는 동나이Dong Nai성에 캔커피 생산공장을 재빨리 세워 인스턴트 커피시장에 진출해 있다. 딴협팟Tan Hiep Phat의 병 포장 커피와 하이랜드 커피Highland Coffee의 캔커피 2가지 제품이 더 있다.

펩시, 하이랜드 커피Highlands Coffee, 네슬레Nestlé, 아지노모토Ajinomoto 등의 상표가 있다. 베트남 친구들에게 물어보면 캔 커피는 단맛만 있고 커피의 풍미는 부족하여 캔 커피를 좋아하지 않는다고 한다. 또한 가격도 로컬에서 마시는 원두커피과 비슷하거나 비싸기 때문에 관심이 없다고 한다.

캔 커피 시장이나 편의점 같은 것들이 대한민국에서는 흔하지만 베트남 시장에 진입을 하고 있어서 베트남 사람들이 친숙하지 않을 수도 있다. 베트남 여행을 하다 보면 가끔씩 상점에서 볼 수 있는데, 새로운 캔 커피 제품에 대한 소비 잠재력은 여전히 크다고 한다.

BTS에 빠진 베트남 소녀들

작년 뉴스에서 방탄소년단과 박항서 감독이 베트남 학교에서 시험문제로 등장해 화제라는 기사를 접한 적이 있다. 현지 고등학교의 문학 시험지에 '베트남 축구 영웅 박항서 감독과 방탄소년단(BTS)의 미국 빌보드 활약상'을 소개하며 '문화대사'의 역할을 묻고 있다는 문제였다."

학교에서 돌아와 바로 방탄소년단(BTS) 노래에 빠진 소녀팬

베트남에서 20대까지는 방탄소년단에 푹 빠져 있다면 중, 장년층은 박항서 감독에 빠져 있다. 가히 쌍끌이 인기를 누리고 있다. 전 세계의 주목을 받고 있는 K팝의 간판그룹인 방탄소년단은 K팝에 열광하는 동남아시아에서도 가히 압도적이므로 다양한 관심을 나타나게 해준다면 박항서 감독의 베트남 축구대회 성적은 대한민국의 기업들이 베트남 시장을 더욱 깊게 파고들 수 있게 도와주고 있다. 10 · 20대 젊은 층이 향유하던 베트남 한류가 박항서 감독의 축구 시장의 성취로 중장년층까지 인기가 번져가는 중이다. 이들은 자신들도 할 수 있다는 생각을 박항서 감독을 통해 전달받는다고 할 정도니 이해할 수 있을 것이다.

방탄소년단(BTS)의 인기는 몬스타엑스. 더보이즈 등 현재 K팝의 유행을 이끄는 아이돌 그룹들이 베트남에서 폭발적인 인기를 끌도록 진두지휘하는 모양새다. 실제로 베트남에 있으면서 중, 고등학생들을 만나보면 '작은 것들을 위한 시'의 새로운 노래와 함께 '기존의 페이크 러브' 등 방탄소년단의 노래로 아침을 시작하고 TV에서 춤을 따라하는 소녀 팬들이 많다. 베트남에서 K팝의 첨단을 빠르게 흡수하고 있다는 것은 앞으로 대한민국에 대한 인식이 지속적으로 개선되는 효과를 줄 것이다.

호이안Hoi An에서 3개월 이상을 머물면서 가정집의 학생과 그 친구들과는 대화를 나누면서 시간을 보내곤 한다. 그런데 그 대화의 50%는 방탄소년단 이야기이다. 반 친구들 대부분은 방탄소년단(BTS)의 노래를 부른다. 노래를 몇 번이 아니라 100번 이상은 들었을 것이라고 대답한다. 방탄소년단 멤버 중 특히 베트남에서 인기가 높은 멤버 '지민'의 캐릭터를 본뜬 연등과 달력이 만들질 정도라고 들었다.

베트남에서도 영어는 학교시험에서 중요한 과목이고 대학교에서 영어 전공자나 영어회화를 잘하는 학생들은 취업이 쉽다. 그래서 영어로 대화를 하는 주제와 소재는 방탄소년단(BTS) 이야기이다. 베트남은 아직 경제적으로 부유한 국가가 아니다. 하지만 6년이 넘도록 경제 성장이 6%를 넘는 고속 성장을 이어가고 있다. 경제가 급성장하고 있어 현재보다는 미래에 더 중점을 두고 사는 사람들의 행복한 미소는 저성장에 시름하는 대한민국과 대조적이다.

베트남이 아직 1인당 국민소득이 낮지만 앞으로 베트남이라는 나라는 성장하면서 경제적 부를 나누고 그 속에서 대한민국이 긍정적인 인식을 받고 있고, K팝의 선두주자 방탄소년단 같은 인기에 앞으로도 대한민국은 베트남에서 중요한 역할을 하게 될 것이라고 생각한다. 여행에서도 베트남과 대한민국인들이 서로 여행을 많이 하면서 더욱 많은 교류를 하게 될 것이므로 K팝은 더욱 인기를 얻을 가능성이 높다. 양국을 여행하는 여행자가 늘어 서로 좋은 파트너로 성장하면 좋을 것이다.

TV에 나오는 방탄소년단(BTS) 뮤직비디오

한류의 봄이 온다

오전(현지시간) 베트남 하노이. 이리저리 도심을 거닐던 중 '빅C^Big C' 마트 앞에 정차된 개인택시 한 대가 문득 눈에 띈다. 택시 뒷문 전면에 베트남 축구대표팀을 맡고 있는 박항서 감독 사진이 큼지막하게 붙어 있었던 것. 멀쑥한 카키색 정장 차림에 엄지손가락을 쭉 내뻗은 광고 사진이었다. 푸근한 미소를 짓고 있는 박

감독 옆엔 빨간 글씨로 다음 문구가 새겨져 있었다.

그 모습이 친근해 가만히 웃음 짓는데, 택시기사 기앙 씨(46)가 말을 붙인다. "한국인이에요? 박항서 훌륭해요, 박항서 최고예요!" 그는 베트남 축구대표팀 부임 3개월 만에 동남아시아 국가 최초로 아시아축구연맹 U-23 챔피언십 준우승이라는 쾌거를 이뤄낸 박 감독을 모르는 사람이 없다고 했다.

10·20대 젊은 층이 향유하던 베트남 한류가 최근 박 감독 사단의 전에 없던 성취로 중장년층까지 그 인기가 번져가는 중이다. 이날 베트남 현지 음식 '반미'를 팔고 있던 티엔 씨(38)는 딸이 드라마 〈태양의 후예〉의 송중기 사진을 방 구석구석 붙여놓은 게 이해가 안 갔는데, 요즘엔 나도 한국 드라마를 본다며 웃음 지었다.

실제로 베트남 호찌민과 하노이 등 도시권을 중심으로 'K컬처(K팝·K뷰티·K무비·K드라마 등)' 인기는 대단했다. 베트남 하노이에서 만난 푸엉 씨(24)는 '코리안 뷰티' 얘기가 나오자 양손 엄지손가락을 치켜세웠다. "베트남 여자들, 한국 화장품 "진짜, 진짜 좋아해요! 특히 립스틱이랑 아이섀도요(웃음)." 브랜드로는 '3CE' 인기가 최고라고 했다.

푸엉 씨는 하노이 부촌 아파트 로열시티에 사는 베트남 최상류 계층. 원래 집은 사업가인 부모님이 사는 호찌민 선라이즈시티다. 서울로 치면 도곡동 타워팰리스쯤 된다. 매일 오후 2시면 집 근처 학원에서 한국어 수업을 듣는다고 했다. 배우는 이민호를 좋아하고, 가수는 한때 빅뱅을 좋아했는데 이젠 방탄소년단(BTS) 열혈 팬이다. "10월에 한국 가요. 언니가 거기 살아요. 떡볶이, 김밥도 먹고 에버랜드에도 가려고요."

비단 푸엉 씨만의 얘기가 아니다. 한국에서 그날 회차 드라마가 방영되면 2~3시간 뒤에 곧바로 자막 깔린 영상이 온라인에 공개된다고 한다(물론 불법이다).

가수는 단연 방탄소년단(BTS)였다. 어림잡아 열에 일곱은 BTS를, 나머지는 빅뱅을 최고로 꼽았다. 호찌민 타잉록고교 1학년 응우옌타이민 군(17)은 "반 친구들 상당수가 BTS, 빅뱅 노래를 흥얼거린다"고 했다. "저는 오전에만 빅뱅 '판타스틱 베이비'를 스무 번은 들었을 걸요?"

한국어에 대한 관심도 적지 않았다. 하노이대 한국어학과 여학생 링단 씨(21)가 그중 한 명. 한국에서 유행하는 동그란 뿔테 안경을 쓴 그는 전날 만난 푸엉 씨보다 한국어가 유창했다. "전문 통역인이 되고 싶다"고 했다. "한국어 통역가는 보수가 굉장히 세요. 졸업하면 멋진 통역가로 폼나게 살려고요(웃음)."

Da Nang

다낭

다낭 IN

대한민국의 여행자는 까다롭게 여행지를 선택한다. 여행지를 선택하는 것에 있어서 여행 경비가 중요한 선택 요소로 작용하기 때문에 최근 베트남여행을 선택하는 여행자들은 더욱 늘어나고 있다. 현지 물가만 저렴하다고 선택하지 않는다.

관광지와 휴양지가 적절하게 조화가 되어야 여행지로 선택되고 여행을 떠나게 된다. 그 중에서도 소개할 다낭Da Nang은 베트남을 선도하는 휴양지로 굳건한 입지를 굳혀가고 있다. 1월부터 8월까지가 여행하기에 좋은 건기, 9월부터 12월까지가 우기이기 때문에 대한민국이 추운 겨울일 때 따뜻한 베트남으로 떠나는 관광객은 계속 늘어나고 있다. 베트남에서도 아름다운 비치로 전 세계 여행자들을 유혹하는 베트남 다낭 여행자는 대한민국을 넘어 전 세계로 확대되고 있다.

비행기

인천에서 출발해 다낭까지는 약 4시간 30분이 소요된다. 다낭으로 출발하는 항공기는 30분마다 출발할 정도로 노선이 다양하다. 하지만 대부분의 항공기는 저녁에 출발해 다낭에는 밤에 도착한다.

비엣젯 항공Vietjet Air은 새벽에 출발하는 노선도 있으므로 직장인도 퇴근하고 바로 공항으로 이동해 출발할 수 있는 일정이지만 다낭에 도착하면 23시 45분, 1시 35분, 5시 25분으로 밤 늦거나 새벽에 도착

하여 공항에는 아무도 없을 때에 도착하는 단점이 있다. 그래서 공항버스를 이용하는 경우가 거의 없고 택시나 그랩^{Grab}을 이용하거나 차량 픽업서비스를 이용할 수밖에 없다. 다낭 국제공항은 시내와 멀지 않아서 150,000동(Dong) 이상을 지불하는 숙소는 없으므로 택시를 타도 그랩과 큰 차이가 없다.

피곤한 시간에 도착하므로 최근에 미리 연락을 해두고 차량픽업서비스를 이용하는 관광객이 많기도 하다.

국내에서 베트남 다낭^{Da Nang}으로 가는 비행기는 일본을 제외하고 가장 많은 노선이 운항을 하고 있다. 그래서 경쟁이 치열해 저가항공이 인기를 끌고 있다. 베트남 저가 항공사로 비엣젯 항공^{Vietjet Air}이 가장 저렴한 노선이지만 짐을 추가하면 항공 전체 비용은 차이가 없을 수 있다. 저가항공은 합리적인 가격을 무기로 계속 항공비용을 줄이는 항공사가 늘어날 것으로 보인다.

베트남 항공(Vietnam Airlines)

대한항공이 대한민국의 국적기라면 베트남항공은 베트남의 국적기이다. 베트남 전역의 19개 도시와 아시아, 호주, 유럽, 북미 등 19개국 46개 지역에 취항하고 있는 항공사이다. 의외로 기내식이 맛있고 좌석도 넓은 편이라서 편하다는 느낌을 받는다. 새벽 6시 10분에 출발해 9시 20분에 도착, 밤 21시 40분에 출발해 새벽 4시 30분에 도착하는 노선을 운항하고 있다. 오전에 도착하는 유일한 항공편이다. 하노이나 호치민을 거쳐서 1회 경유하는 항공편도 매일 운항하고 있다.

비엣젯 항공(Vietjet Air.com)

베트남의 저가항공사인 비엣젯 항공은 베트남의 경제성장과 함께 무섭게 동남아시아의 저가항공의 강자로 부상하고 있는 항공사이다. 2007년 에어아시아의 자회사로 시작해 2011년 에어아시아에서 지분을 매각하자 비엣젯(Vietjet)으로 사명을 변경하고 난 후에 베트남을 대표하는 저가항공사로 성장했다. 에어아시아와 로고와 사이트, 빨강색의 '레드'컬러를 강조하는 것도 비슷하다.

다낭 국제 공항(Sân bay quốc tế Đà Nẵng /
Da Nang International Airport)

다낭 국제공항^{Sân bay quốc tế Đà Nẵng}은 다낭
시내 중심부에서 서쪽으로 2㎞ 떨어져 있
으며 택시로 약 15분~20분이 걸린다.
2017년에는 1,100만 명의 승객을 수용할
정도로 성장하였지만 추가 활주로가 필
요할 정도로 급성장 중이므로 성수기에
는 항공기가 지연 출발되는 경우가 많다.

베트남 전쟁 때, 북베트남을 폭격하기 위
해 미군이 건설하면서 공항이 시작되었
다. 밀림을 제거하기 위하여 폭격기에 실
어 나르기 위한 고엽제가 비축되어 지금
도 제거가 되지 않을 정도로 다량이었다
고 한다. 다낭은 베트남 중부를 대표하는
도시로 성장하면서 2017년 5월 9일에 국
제선의 제2터미널이 문을 열어 준비하였
다. 이 터미널은 48,000㎡의 면적에 연간

600만 명의 승객을 수용할 수 있도록 설
계되었다.
다낭 국제공항은 2개의 터미널을 보유하
고 있으며, 하나는 국제선으로 사용되고,
나머지 하나는 국내선으로 사용하여
2018년에는 전체 규모 연간 1,100만 명의
승객을 처리할 수 있는 규모가 되었다.

택시

다낭 국제공항은 다낭 시내와 가까워 15~20분이면 다낭의 어디라도 도착할 수 있다. 그래서 시내까지 이동비용이 저렴하므로 그랩Grab을 이용해 이동하지 않는 관광객도 많다.

보통 100,000~150,000동 정도 금액을 택시기사들은 부르고 있다. 호치민이나 나트랑에 비해 절반 정도의 금액이다. 그래서 바가지만 쓰지 않는다면 공항에서 숙소까지 이동하면서 화가 날 경우는 거의 없다. 그러므로 사전에 택시비를 준비하고 그 금액에서 택시를 탑승하면 된다. 또한 잔돈을 주지 않으려는 택시기사가 가끔씩 있으므로 사전에 준비하여 택시기사에게 정확한 금액을 주는 것이 좋다.

차량 픽업 서비스

다낭 국제공항은 다낭 시내와 상당히 가까운 공항이다. 그렇지만 밤에 도착한 공항에서 택시를 흥정하면서 타는 것이 내키지 않을 수 있다. 인원이 3명 이상이라면 차량픽업 서비스가 상당히 편리하다. 차량이 미리 와서 대기를 하고 있기 때문에 기다리지 않는 장점이 있다. 가격도 보통 1만원 안팎이므로 비싸지 않다. 다낭에 늦게 도착하여 피곤할 것 같다면 미리 예약을 하고 이용하는 것도 좋은 방법이다.

공항 픽업 서비스는 택시보다 저렴하면서 동시에 그랩Grab보다 안전하다는 장점이 있다. 늦은 밤이나 새벽에 도착하는 여행자는 피곤하여 숙소로 바로 이동하고 싶을 때에 기다리므로 쉽고 편안하게 이용이 가능하다는 장점이 있다.

다낭 & 호이안, 후에 여행 잘하는 방법

1. 도착하면 숙소로 바로 이동하자.

어느 도시이든 도착하면 해당 도시의 지도를 얻기 위해 관광안내소를 찾는 것이 좋다. 다낭 공항은 시내까지의 거리가 가까운 편이다. 또한 공항에 나오면 택시를 타면서 택시 사기를 조심해야 한다. 환전은 미국 달러를 가져와서 소량의 금액만 환전을 해서, 심카드를 구입하여 택시를 타고 바로 이동하는 것이 좋다.

2. 심카드나 무제한 데이터를 활용하자.

공항에서 시내로 이동을 할 때 택시를 이용하려면 구글 지도를 이용해 거리를 확인하는 것이 좋다. 또한 그랩Grab을 이용해야 바가지를 쓰지 않는다. 시내까지의 거리가 가까운 다낭 공항은 호이안Hoi An까지 이동하지 않는 한 택시비로 100,000동 이상이 거의 나오지 않는다. 또한 저녁에 숙소를 찾아가는 경우에도 구글맵이 있으면 쉽게 숙소도 찾을 수 있어서 스마트폰의 필요한 정보를 활용하려면 데이터가 필요하다. 심카드를 사용하는 것은 매우 쉽다. 매장에 가서 스마트폰을 보여주고 데이터의 크기를 보고 선택하면 매장의 직원이 알아서 다 갈아 끼우고 문자도 확인하여 이상이 없으면 돈을 받는다.

3. 달러를 '동^{Dong}'으로 환전해야 한다.

공항에서 시내로 이동하려고 할 때 택시를 가장 많이 이용한다. 이때 베트남 '동(Dong)'이
필요하다. 공항에서 필요한 돈을 환전하여 가고 전체 금액을 환전하기 싫다고 해도 일부는
환전해야 한다. 시내 환전소에서 환전하는 것이 더 저렴하다는 이야기도 있지만 금액이 크
지 않을 때에는 큰 금액의 차이가 없다.

4. 그랩^{Grab}에 대한 간단한 정보를 갖고 출발하자.

공항에서 시내로 이동하려고 할 때 택시를 가장 많이 이
용한다. 이때 베트남 '동(Dong)'이 필요하다. 공항에서 필
요한 돈을 환전하여 가고 전체 금액을 환전하기 싫다고
해도 일부는 환전해야 한다. 시내 환전소에서 환전하는
것이 더 저렴하다는 이야기도 있지만 금액이 크지 않을
때에는 큰 금액의 차이가 없다.
그랩 금액을 준비하여 탑승하는 것이 좋다. 같이 여행하
는 인원이 3명만 되도 택시를 활용해도 여행하기가 불편
하지 않다.

5. '관광지 한 곳만 더 보자는 생각'은 금물

다낭은 쉽게 갈 수 있는 해외여행지이다. 물론 사람마다 생각이 다르겠지만 평생 한번만 갈 수 있다는 생각을 하지 말고 여유롭게 관광지를 보는 것이 좋다. 한 곳을 더 본다고 여행이 만족스럽지 않다. 자신에게 주어진 휴가기간 만큼 행복한 여행이 되도록 여유롭게 여행하는 것이 좋다. 서둘러 보다가 지갑도 잃어버리고 여권도 잃어버리기 쉽다. 허둥지둥 다닌다고 다낭 & 호이안, 후에를 한 번에 다 볼 수 있지도 않으니 한 곳을 덜 보겠다는 심정으로 여행한다면 오히려 더 여유롭게 여행을 하고 만족도도 더 높을 것이다.

6. 다낭은 최근에 유행하는 호캉스가 가장 많이 이용되는 도시이다.

다낭은 항공편이 20분마다 있다고 할 정도로 항공편이 많은 도시이므로 상대적으로 항공편도 저렴하게 이용할 수 있다. 또한 최근 2~3년 안에 문을 연 호텔이나 리조트 등이 많아서 숙소 금액도 상대적으로 저렴하고 시설도 좋은 편이다. 해외여행자의 호캉스를 저렴하게 이용할 수 있는 기본적인 시설이 많아서 다낭을 몇 번씩 여행하는 관광객도 많아지고 있다. 그들은 관광지를 많이 보려고 하지도 않고 숙소에서 대부분을 지내면서 맛있는 음식을 먹으려고 한다.

7. 아는 만큼 보이고 준비한 만큼 만족도가 높다.

다낭은 아무런 정보 없이 본다면 재미도 없고 본 관광지는 아무 의미 없는 장소가 되기 쉽다. 1박2일이어도 기본적인 여행정보는 습득하고 다낭 & 호이안, 후에 여행을 떠나는 것이 좋다. 현지에 대한 에티켓을 모르거나, 지키지 않는 대한민국 관광객이 늘어나고 있어 대한민국에 대한 인식이 좋지 않아지고 있다.

택시(Taxi) VS 그랩(Grab)

베트남의 공항에 도착하면 어떻게 숙소까지 이동할 것인지 고민스럽다. 공항버스가 발달되어 있지 않은 베트남에서는 택시를 타고 숙소로 이동하는 경우가 많다. 하노이Hà Nội도 마찬가지여서 40분 정도 택시를 타고 이동해야 하는데 베트남 택시에 대해 좋지 않은 이야기를 많이 들었기 때문에 고민스러워한다. 이에 요즈음 공항에서 차량공유서비스인 그랩Grab을 이용해 숙소로 이동하는 경우가 많아졌다.

상대적으로 바가지요금을 내지 않아도 되는 특성상 고민할 것 없이 타고 이동하면 되는데 어떻게 그랩Grab을 이용할지에 대해 걱정하는 여행자가 있다. 특히 나이가 40대를 넘어 새로운 어플 서비스를 막연하게 어려워하는 경우가 많다.

택시

바가지가 유독 심한 베트남에서 택시를 탑승하면서 기분이 썩 유쾌하지 않은 것이 현실이다. 첫 기분을 좌우하는 택시와의 만남이 나쁘면 베트남에 온 것을 후회하게 만들기도 한다. 하노이는 호치민에 비하면 택시는 양호한 편이다.

하노이에도 당연히 바가지를 씌우는 경우가 있지만 우리가 아는 공인된 마이린Mailinh이나 택시 그룹Taxi Group회사의 택시를 이용하면 불쾌한 일은 어느 정도 사라지고 있는 것이 많이 개선된 베트남 택시의 위로가 아닐까 생각한다.

누구나 추천하는 택시 회사는 비나선Vinasun과 마일린Mailinh인데 가끔씩 비슷한 글자를 사용한 택시가 있다. 정확하게 안 보고 대충 보는 여행자들을 노리고 바가지를 씌우는 일도 있으니 조심하자. 택시기사들은 여행자에게 양심적이고 친절하게 다가가 택시에 대한 안 좋은 이야기를 없애고 싶어 하지만 당분간 없어질 일은 아니다.

▶기본요금 14,000동~　▶비나선 www.vinasuntaxi.com, 마일린 www.mailinh.vn

그랩(Grab)

차량 공유서비스인 그랩^{Grab}을 이용할 때에 어플로 차량을 불러서 확인하고 만나야 하는데 문제가 발생한다. 그랩^{Grab}은 일반 공항 내의 주차장을 사용하지 못한다. 그래서 그랩이 주차를 할 수 있는 위치로 이동해야 한다. 대부분 공항의 주차장 내에 그랩^{Grab}의 기사와 만나는 위치가 있다.

그랩 사용방법

1. 스마트폰에 설치를 하고 핸드폰 인증을 해야 한다.

2. 하노이^{Hà Nội}에서 그랩 어플을 실행하면 하노이^{Hà Nội}위치를 잡아서 실행을 하므로 이상 없이 사용할 수 있다. (대한민국에서 실행하면 안 된다고 걱정할 필요가 없다. 그랩^{Grab}은 동남아시아에서 사용할 수 있어서 한국에서는 실행이 안 돼서 'Sorry, Grab is not available in this region'이라는 문구가 뜨기 때문에 걱정하지만 한국에서는 사용이 안 된다는 것을 알아야 한다.)

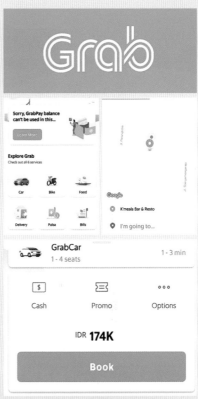

3. 출발, 도착지점을 정해야 한다. 출발지는 현재 있는 위치가 자동으로 표시되므로 출발지 아래의 도착지만 지명을 정확하게 입력하면 된다.
숙소이름을 미리 확인하여 영어로 입력하면 되므로 위치는 확인하지 않아도 된다. 영어철자를 입력하면 도착지에 대한 검색을 할 수 있는 창이 나타나면서 자신의 숙소를 확인하고 터치를 하면 된다.

4. 1~5분 사이에 도착할 수 있는 차량들이 나오면서 보이므로 선택하면 차량번호, 기사 이름 등이 표시되고, 전화를 하거나 메시지를 나눌 수 있도록 되어 있다. 대부분 메시지를 통해 확인할 수 있다.
영어로 대화를 나눈다고 걱정할 필요가 없다. 한글로 표시가 되기 때문이다.

155

공항 미리 보기

다낭 국제 공항 입구 모습

베트남의 다른 도시에서 출발해 다낭 국내공항에 도착한다면 젯스타 항공기와 비엣젯 항공기가 대부분이다.

다낭에 온 것을 환영한다는 문구가 크게 씌여져 있다.

공항에 도착하면 밤에도 도착한 관광객들이 줄을 서서 천천히 입국심사를 받는다.

입국심사를 마치고 짐을 찾으면 심 카드를 구입해서 하는데 경쟁적으로 심 카드를 판매하므로 필요한 기간에 맞춰 구입하면 된다.

입국 심사를 일찍 마치면 항공기에서 짐이 나오지 않을 수 있다.

한밤 중에 도착하면 마일린 택시나 비나선 택시를 타 는 것이 안전하다.

베트남의 대표적인 비나선 택시

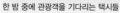

한 밤 중에 관광객을 기다리는 택시들

다낭 & 호이안, 후에 여행을 계획하는 5가지 핵심 포인트

다낭Danang 여행은 의외로 한번에 모든 관광지를 다 보려고 해서 여행을 계획하기가 쉽지 않다. 시내는 둘러봐도 고층빌딩에 많은 사람들은 왔다 갔다 하지만 어디를 가야할지는 모르겠다. 숙소에 물어보니 역사유적지는 시내에서 떨어져 있다는 답변에 "그럼 어디를 가야하냐"는 물음에는 투어를 소개하는 팜플렛을 내민다. "어떤 것이 좋아요?"라는 질문에 "다 좋다"라는 답만 온다. 어떻게 다낭Danang을 여행해야 하는 것일까?

베트남의 중부는 베트남을 통일한 응우엔 왕조의 수도인 후에Hue, 17세기부터 무역항으로 이름을 날린 호이안Hoi An이 유명했던 도시였다. 보잘 것 없던 다낭Danang은 베트남 전쟁에서 미군들의 휴양지로 개발하기 위해 미군이 주둔하면서 본격적인 개발이 이루어지면서 해안가는 하루가 다르게 변하게 되었다. 밀레니엄 시대를 맞아 중부 휴양도시로 개발을 시작하여 초기에는 러시아 관광객이 많았지만 지금은 대한민국의 관광객이 가장 많이 방문하는 도시이다. 다낭Danang 시내에 있는 고층 빌딩에는 호텔과 오피스, 쇼핑센터들이 들어서 있다. 이 많은 건물들이 모자를 정도로 다낭Danang은 발전을 거듭하고 있다. 2000년을 맞이하며 허허벌판인 해변에 도시를 만들기 시작한 것이 다낭Danang 도시개발의 시작이다. 그래서 한 강Han River의 주위에 자리를 잡은 시내에는 쇼핑이나 옛 건물이 있고, 베트남 중부의 아름다운 비치인 미케 비치는 최근에 다양한 형태의 숙소들이 들어서 해안을 따라 들어서 있다. 호텔이나 리조트 앞에 보이는 비치를 즐기는 것이 호캉스와 휴양이다.

역사유적지는 다낭 북부의 대부분 베트남 통일 왕조인 후에Hue에 있다. 호핑 투어는 다낭 뿐만 아니라 호이안Hoi An의 잔잔한 파도에 깨끗한 휴양지로 개발된 포인트에서 즐기게 된다. 최근에 이곳은 현재 빈펄 랜드Vinpearl Land가 들어서 있어 빈펄 랜드Vinpearl Land에서만 즐기다가 나오는 관광객도 상당히 많다.

1. 시내 관광, 쇼핑

도시, 다낭을 기준으로 북쪽에는 역사 도시인 후에^{Hue}가 있고 남쪽에는 옛 해상 무역도시인 호이안^{Hoi An}이 있다. 야경과 아기자기한 아름다운 옛 분위기를 느끼려면 남부의 호이안을 다녀오고 베트남 역사를 알고 싶다면 북부의 후에로 이동하면 된다. 후에, 호이안 다 다낭에서 50㎞이내에 있어 당일치기로 다녀올 수 있다.

다낭은 한 강^{Han River}과 미케 비치가 동서를 나누는 구분이라고 생각하면 된다. 시내는 한 강 양 옆으로 형성되어 있고 해안은 미케 비치를 따라 다양한 건물이 들어서 있다. 휴양을 즐기고 싶다면 미케비치를 따라 있는 고급 호텔이나 리조트에서 호캉스를 즐기는 관광객이 많다.

다낭에는 유명호텔이 미케 비치 해변을 중심으로 자리를 잡고 있고 한 강 주위를 따라 시내가 형성되어 있다. 시내에서 한 시장을 중심으로 다낭 시민들이 살던 지역이었지만 최근에는 관광객을 위한 마사지나 상점들이 들어서 있다. 대표적인 야시장은 한 강 주위에 있고 쇼핑센터인 한 시장이나 빈콤 플라자는 한 강에 있어서 접근이 쉽지만 롯데마트는 시내 외곽에 있다.

대부분의 관광객은 다낭에서 2일을 지내는데, 시내에서 1일, 미케비치에서 1일 정도 여행일정을 계획한다. 일정의 여유가 있다면 다낭 시내에서 쇼핑을 하거나 마사지를 받으면서 하루정도 더 머물 수도 있다.

2. 다낭 미케 비치 즐기기

대부분의 숙소는 해변과 가깝게 형성되어 있어서 숙소와 가까운 해변에서 즐기는 것이 좋다. 다낭의 미케비치는 대단히 길다. 호이안으로 이동하는 남부 도로까지 이어지는 해안에는 최근에 고급 리조트들이 들어섰고 지금도 공사를 계속하고 있다. 미케 비치에서 서핑이나 카이트 서핑을 배우는 여행자도 늘고 있는 추세이다. 또한 빈콤 플라자에서 미케 비치로 이동하는 지점이 미케비치의 중심부로 다양한 해산물 레스토랑과 카페들이 많다.

다낭의 미케비치는 끝없이 펼쳐진 백사장과 푸른 바다로 매년 이곳을 찾는 여행자들이 늘고 있다. 때 묻지 않은 공기를 만날 수 있는 신비로운 도시, 다낭Danang에서도 미케 해변은 빼놓을 수 없는 필수 코스로 알려져 있다. 약 30m 길이의 미케비치 중심부의 백사장을 가진 해변은 맑은 모래와 코코넛 나무가 선사하는 그늘 아래에서 달콤한 휴식을 취할 수 있다. 신비로운 분위기와 천혜의 자연환경을 자랑하는 다낭 해변은 헤엄치기에 딱 좋은 물 온도를 가지고 있다. 또한 근처 로컬 식당과 바, 카페 등이 많이 생겨 휴식하기에 그만인 곳이다.

3. 역사 도시, 후에(Hue)

응우엔 왕조의 수도였던 후에[Hue]는 황궁부터 황
제들의 무덤인 황릉까지 다양한 유적이 있다. 다
낭에서 가장 멀리 떨어진 곳이기에 택시나 그랩
[Grab]을 이용해서 다녀올 수도 있지만 대부분은 투
어를 이용해 다녀온다. 날씨가 무더운 특성상 오
후에는 이동하는 것이 힘들어서 오전에 가서 보
는 것이 가장 좋다.

4. 호이안(Hoi An) 올드 타운

호이안[Hoi An]에서 사람들의 발길이 가장 많이 이어지는 곳은 규모 약 30ha의 대지 위에 조
성된 유서 깊은 구 시가지이다. 유네스코 세계 문화유산으로 등재되어 있다. 16세기에 처
음 세워진 지붕 덮인 목조 건축물인 내원교를 건너보자. 내원교 안에는 날씨를 관장하는
것으로 알려진 신, 트란 보 박 데[Tran Vo Bac De]를 위한 작은 사원이 있다.
중국 이민자를 위해 세워진 구 시가지의 화랑 5곳에 사용된 건축과 호이안 민속 박물관에
가서 현지의 관습과 일상적인 삶의 모습이 담긴 물건도 구경해 보는 것도 좋다.

5. 다양한 놀거리(투어, 바나힐, 빈펄 랜드)

자녀나 부모님과 함께 가는 다낭 가족여행에서 가장 선호되는 바나힐^{Banahill}과 빈펄 랜드^{Vinpearl Land}는 다낭의 인상을 바꾸고 있는 곳이다. 워터파크와 놀이동산에서 하루 종일 즐기는 관광객이 대부분이기 때문에 오전에 이동해 저녁이 돼서야 돌아온다. 아니면 1박2일이나 2박3일 동안 바나힐^{Banahill}과 빈펄 랜드에서만 머무는 관광객도 많다.

해변에서 15㎞ 떨어진 곳에 여러 개의 작은 섬들로 이루어져 있는 바다에서, 아름다운 산호 사이에서 스노클링과 다이빙 등을 즐길 수 있다. 정크선을 타면 75분이 소요되고, 쾌속선을 타면 30분 정도 걸린다.

마담 한

12번 시내버스 종점

퓨전 스위트 다낭 비치

미쩨 비치

일리가르트 호텔

꼬반동

쏭한교

투언프억교

한강변

수언지에우 시내버스 터미널

다낭시 정부청사

신 투어리스트

다낭 박물관

한 시장(째한)

포스야(2호점)

까오다이교 사원

미술 박물관

꼰 시장

박구

164

프라미어 빌리지

쁠란 다낭 비치 리조트

푸라마 리조트

푸라마 빌라

뮤젠 마이아 리조트

용어 훈수상 & 사랑의 다리

롱교(용 다리)

짬 박물관

한강 호텔

쩐티리교

다낭 시내

나까

소시 바

나항 피르

포유 팰리스

골든 피닉스

킹스 팰리스

퀸스 팰리스

5군구 박물관

호안미 병원

165

#해시태그로 다낭 한눈에 살펴보기

다낭Danang은 미케 비치가 개발되기 전에는 한 강을 중심으로 살았었다. 그래서 다낭 시내에서 약 8㎞ 떨어져 있는 다낭 공항도 해안이 아닌 내륙에 위치해 있는 것이다. 관광도시로 개발하기 위해 길게 남북으로 뻗어있는 미케 비치를 정비하고 호텔과 리조트가 들어서면서 처음에는 북쪽의 선짜 반도에 위치했지만 점차 남쪽의 호이안과 연계된 리조트들이 많이 해안을 따라 이어져 있다. 또한 프랑스 식민지 시기에 개발되기 시작한 고산지대인 바나힐Ba Na Hills은 시내에서 약 40㎞ 떨어져 찾아가지 않던 곳이었지만 선 월드에서 휴으로 개발해 테마파크까지 들어서 지금은 다낭에 온 관광객이 한번은 찾아가는 곳이다.

다낭 시내

다낭 시내는 한 강을 따라 양쪽으로 형성되어 있다. 쏭 한교와 용 교를 따라 노보텔, 힐튼, 메리어트 등의 유명 호텔과 브릴리언트 호텔 등의 현지 호텔이 들어서 있다. 이것은 다낭 개발 초창기에 한 강에 일본인과 미국인들이 투자하면서 한 강변도 산책로로 같이 정비되었기 때문이다.

시내의 중심은 쏭 한교와 용 교 사이로 형성된 한시장과 박당 거리가 한 강을 바라보면서 레스토랑과 카페, 펍 등이 즐비하다. 한 강을 따라 이어진 산책로에서 운동을 하거나 데이트를 즐기고 관광객들은 사진을 찍는 장면을 볼 수 있다. 안쪽의 도로인 흥부엉 거리에는 한시장이 있고 그 주변으로 관광객을 위한 식당과 레스토랑, 카페, 마사지 등이 있어서 활기찬 시내를 다니면서 다낭 성당이나 다낭 시청 등에서 사진을 찍는 관광객들도 볼 수 있다.

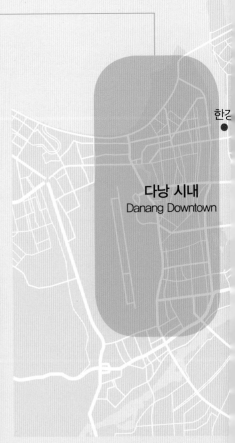

한강

다낭 시내
Danang Downtown

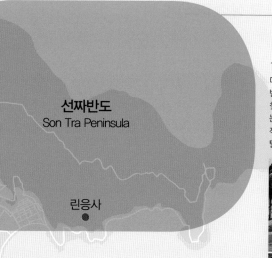

선짜반도
Son Tra Peninsula

린응사

선짜 반도

다낭의 동북쪽, 미케 비치 북쪽으로 이어지는 선짜 반도는 린응사와 고지대의 굴곡진 해안을 보기 위해 찾는 곳이었지만 코로나 바이러스가 강타한 이후에는 자전거를 타는 라이딩족들이 새벽부터 찾아가고 작은 해안마다 파도가 잔잔해 캠핑을 즐기는 곳으로 탈바꿈했다.

미케 비치

세계 5대 해변이라고 불리는 미케 비치는 약 20㎞가 넘는 길고 긴 해변이다. 미케 비치를 중심으로 북쪽에는 선짜 반도가 있고 남쪽으로는 가깝게 논느억 비치가 있고 멀게는 호이안이 있다. 2010년대 초반에는 해안만 있었으나 점차 해안을 따라 호텔이 들어섰지만 시내에서 멀어진 거리에 리조트가 들어서면서 지금의 휴양 도시이자 관광도시인 다낭을 만들었다.

비치
Beach

● 오행산

● 논 느억 비치

알면 여행이 편한 지역

판반동(코리아 타운)
일명 '코리아 타운'이라고 부르는 판반동은 쏭 한 교에서 미케 비치까지 이어진 거리를 따라 형성되어 있다. 코로나 바이러스가 강타하기 전까지는 많은 한국인들과 관광객들이 있었지만 위드 코로나 시대가 온 2022년까지도 한인촌이라고 부르기 힘들 정도로 사람들이 많지는 않았다. 다낭의 관광이 2023년에 점차 회복되면서 사람들이 돌아오기 시작했다.

안트엉 지역(여행자 거리)
안트엉An Truong 지역은 유럽의 장기 여행자들이 자리를 잡은 곳으로 다낭에서 이국적인 분위기를 나타내는 곳으로 다낭시에서도 외국인을 위한 여행자 거리로 특화시켜 나가고 있다.

다낭을 파악하기 위한 중요한 장소 BEST 5

선짜 반도

녹음이 무성한 산꼭대기로 올라가면서 야생동물을 찾아보고 웅장한 불교 기념물을 살피며 멋진 광경을 즐길 수 있다. 선짜 산의 숲으로 덮인 산등성이를 올라가면서 바라보면 다낭 만과 동해의 장관이 눈앞에 펼쳐진다. 696m에 이르는 산 정상이 자리한 선짜 반도는 희귀한 붉은 얼굴 원숭이의 서식지이기도 해서 몽키 마운틴이라는 별명이 붙었다.

렌터카나 오토바이, 지프 투어를 예약해 산 정상에 올라간다. 산 정상에 오르면서 린웅 사원에 들러 조각상이 가득 늘어선 웅장한 정원을 걷게 된다. 이곳은 베트남 불교도에게는 중요한 성지이다. 연 모양 기단에 서 있는 자비의 여신상을 바라보면 높이가 무려 67m에 이른다. 다음으로 구조물 안으로 들어가 층마다 놓인 21개의 부처상을 둘러보면 된다. 밤이 되면 우뚝 솟은 산이 밝게 빛난다.

산에서 시간을 보내면서 산책로를 따라 거닐며 붉은 얼굴 원숭이를 찾아볼 수 있다. 쏜짜 숲에는 멧돼지, 사슴, 파충류, 흰 꿩 같은 동물 들이 서식하고 있다.

베트남 전쟁 중에 미군이 사용하던 레이더 돔 2개도 볼 수 있다. 지금은 베트남군에서 사용하고 있다. 미국에서 지상군에게 보급품을 제공하기 위해 사용했던 헬리콥터 이착륙장도 있다.

선짜 반도의 많은 부분이 울창한 밀림으로 덮여 있기는 하지만, 바이 백 해변처럼 아름다운 해변도 많다. 선짜 산을 둘러보면서 모래 해변 중 한 곳에 들러 일광욕과 수영을 즐길 수 있다. 능숙한 '다이버'라면 해안선을 따라 산호초 사이에서 스쿠버다이빙하는 즐거움에 빠져들게 된다. 초보자 코스를 비롯해 모든 수준에 적합한 스노클링/다이빙 장소를 찾을 수 있다. 선짜 반도는 다낭에서 북동쪽으로 약 19.3㎞ 떨어져 있고, 자동차로 약 30분 걸린다.

미케 비치

수영과 일광욕을 즐기고 숲길 사이로 산책을 나설 수 있는 아름다운 백사장에서 여유를 즐겨보자. 미케 비치는 다낭에서 가장 유명한 해변으로 백사장에 깨끗한 바닷물이 아름답게 펼쳐진 곳이다. 고요한 바다가 흐르고 산들거리는 바람이 부는 비치에는 아이를 동반한 여행객이 수영하기에 최적의 장소이다.

베트남 전쟁 당시 미군이 미케 비치를 오락 공간으로 활용하여 전 세계의 이목을 끌었는데, 미군은 '차이나 비치'라는 별명으로 불렀다. 베트남 전쟁이 끝난 후 현지인과 방문객 모두의 사랑을 받게 되며 수많은 최고급 리조트가 터를 잡았다.

선 베드에서 파라솔이 만든 그늘 아래에 누워 여유를 만끽하고 해안과 산이 만드는 아름다운 경관이 여행자를 사로잡는다. 해안가를 따라 산책에 나서거나, 다소 힘이 들지만 해변과 경계를 이루는 숲을 통해 하이킹을 떠나도 좋다. 바다에서 수영 이외의 수상스키와 스쿠버다이빙에 도전하는 관광객도 많다.

피크닉 준비를 해 오지 않았다면 해변을 따라 늘어선 가게 중 한 곳에 들러 간단한 스낵을 구입할 수 있고 근처의 카페와 레스토랑에서 휴식을 취할 수도 있다.
도심에서 남동쪽으로 약 6.4㎞ 떨어진 미케 비치는 미안 비치와 논 누옥 비치 사이에 있다.

논 누옥 비치

따뜻하고 깨끗한 물과 정글, 산을 배경으로 황홀한 경치를 자랑하는 해변은 시간을 보내기에 좋다. 논 누옥 비치는 대리석산 기슭에 자리한 다낭의 멋진 해안선 중 5km에 이르는 구간이다. 한 켠에 목마황 속 나무가 숲을 이루고 있는 아름다운 백사장에서 여유를 즐길 수있다. 근처 동굴과 고대 사원, 석상도 둘러볼 수 있다.

날씨가 너무 더운 날에는 나무 그늘 아래에서 휴식을 취하거나 바다에 들어가 열기를 식혀야 한다. 논 누옥은 유명한 서핑 장소인 만큼 서핑 보드를 가져와 파도에 몸을 맡길 수도있다. 서퍼들이 파도를 타는 모습을 지켜보기만 해도 즐거움이 넘친다. 논 누옥 해변은 노출되어 있어 파도가 상당히 일정한 편이다.
해변 레스토랑에 들러 갓 잡은 싱싱한 생선을 즐기고 해변 근처에서 마사지를 받으며 여행의 피로를 풀 수 있다. 리조트에는 테니스 코트와 수공예품 매장이 마련되어 있다. 논 누옥해변을 방문할 때 논 누옥 남쪽 끝에서 조금만 걸어가면 보이는 대리석산도 들러 보자. 동굴과 사찰, 불교의 성지를 둘러볼 수 있는 기회이다.

저녁에 논 누옥으로 다시 돌아와 해안가를 따라 늘어선 벤치 중 하나에 앉아 일몰을 감상해 볼 있다.
다낭 도심에서 약 10.5km, 미케 비치와 미안 해변의 바로 남쪽에 있다.

한 강

광활한 강은 상징적인 다리와 더불어 다낭에서 가장 잊을 수 없는 풍경을 선사한다. 저녁에 잔잔한 한 강을 따라 크루즈를 타고 흘러가며 강 너머의 반짝이는 도시 스카이라인을 바라보자. 아름다운 강가의 바에서 음료를 마시면서 손트라 반도로 흘러가는 한 강을 가로지르는 아름다운 다리들을 볼 수 있다.

한 강의 경치를 가장 잘 감상하실 수 있는 장소는 선상이다. 한 리버는 다낭의 동쪽 끝을 따라 흐르는 강으로 대부분의 보트 크루즈는 용다리 근처에 있는 박당 부두에서 출발한다. 도심의 소음에서 벗어나 매일 저녁 경치를 보면서 맛있고 신선한 해산물을 즐길 수 있는 디너 크루즈를 예약해 즐길 수 있다.

관광에 관심이 더 많다면 낮부터 저녁까지 관광을 할 수 있는 투어 보트도 좋다. 강의 수원지까지 이동하여 한 강에 방대한 물길을 대는 지류를 찾아볼 수 있다. 강을 따라 이동하면 가이드가 베트남 전쟁 당시 미군이 전략적 거점으로 사용한 장소를 알려 준다. 하지만 무엇보다도 강을 따라가며 곳곳에서 강물 위를 가로지르는 환상적인 다리들을 감상하는 것이 가장 큰 즐거움이다.

한 강의 다리들

한 강다리
가장 유명한 다리는 다낭 북부에 1997~2000년 사이에 건설된 한 강 다리는 베트남에 건설된 첫 선개교였다. 밤에는 아름다운 네온 조명이 반짝인다. 한 강다리에서 박당 부두를 따라 남쪽으로 이동하면 인상적인 다리 2개가 걸어서 금방 닿을 수 있는 거리에 놓여 있는 것을 볼 수 있다.

용 다리(DragonBridge)
다낭을 대표하는 특색있는 다리이다. 거대한 노란색 용이 다리를 세로로 휘감고 있고 어둠이 내린 후에 2,500개의 LED 조명이 불을 밝힌다. 주말 오후 9시에는 용의 입에서 불꽃과 물이 뿜어져 나오는 광경을 볼 수 있다.

트란 티 리 다리
이동하기 전에 활기 넘치는 남쪽 지역의 바에 들러보자. 2013년에 개통된 건축학적 걸작인 다리길이는 731m이다.

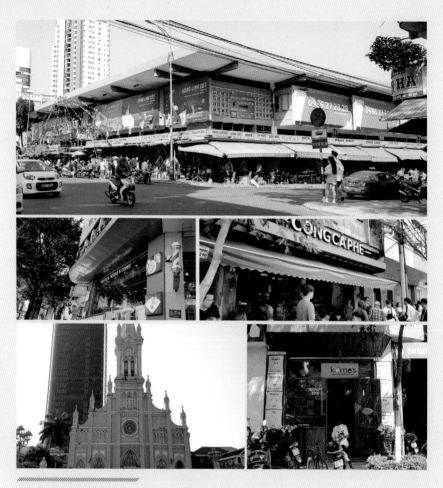

위치_ 다낭 공항에서 차로 10분

훙부엉 거리(Hung Vuong Street)

다낭에서 가장 활기 넘치는 거리가 다낭의 중심이다. 그리 길지도 크지도 않은 거리에는 콩카페를 비롯해 다낭의 볼거리가 밀집해 있다. 다낭 대성당과 한 시장, 꼰 시장도 바로 이 거리에 모여 있다. 거리를 따라 각종 의류 매장과 레스토랑, 카페가 밀집해 있어 여행의 시작점으로 삼기 좋다. 마사지 & 스파들이 최근에 미케 비치에 몰려있지만 현지인들이 운영하는 상점들과 함께 마사지 & 스파와 로컬분위기의 커피전문점도 같이 있으므로 다낭의 분위기를 느낄 수 있는 장소이다.

퀸 스파

Khach San My Khe

치맥코리아(한식당)

Khach San My Khe2

퉁피 비비큐

Song Cong Hotel

Song Cong Hotel

27 Seafood
Restaurant

King's Finger Hotel

치맥코리아

Lavender Danang

Risemount Resort Danang

로열 로터스 호텔

응우옌반쪼이 거리

므엉탄 럭셔리 다낭 호텔

Cicilia Hotel

아바타 호텔

홀리데이 비치 호

다낭 경제대학

골드 스타 커피 로스터리

드래프트 비어

Dung Hoa Hotel

Royal Huy H

산내들 (한식당)

Thai Duong Hotel

Murphy's
Steak Hou

포레스트 스파

바빌론
스테이크 ㄱ

박미안 시장

Fansipan Hotel

Sea Phoennix Hotel

Shin's Gard

Galaxy Hotel

Titan Hotel

Hi Villa Restaur

시아 파크
월드 다낭 원더스)

한 강

타리교

174

바다 사원

띠엔썽교

롯데 마트

미케 비치에서 음식 맛보고 다낭 풍경 맛보기
(약 8~10시간 소요)

미케 비치 보드 즐기기(보드스쿨 100만 동)

미케 비치 선베드 휴식

안트엉 지역에서 카페나 브런치 즐기기

린응사

마사지

저녁 식사 & 나이트 라이프

주의사항

미케 비치는 최근에 아침 일찍 패들보드나 서핑을 즐기려는 젊은 사람들이 많다. 조금 더 일찍 일어난다면 일출까지 볼 수 있다. 다낭 북쪽의 린응사로 이동하기 위해서는 자전거로 이동할 수도 있지만 오토바이나 자동차로 이동하는 것이 편리하다.

미케 비치
My Khe Beach

베트남의 중부지방에서 가장 유명한 비치는 다낭의 미케비치이다. 다낭의 미케비치부터 시작해 호이안의 안방비치까지 이어져 있어서 긴 하나의 비치로 볼 수도 있다.

100년 전만 해도 베트남 중부지방의 무역의 중심은 호이안 이었지만 점점 커지는 배들이 접안할 수 있는 해변이 부족해지기 시작했다. 그 대안으로, 안으로 들어가 있는 만이 크게 해변이 형성된 다낭이 부상하기 시작했다. 하지만 식민지배와 지속된 전쟁으로 개발은 되지 않았다.

다낭이 본격적으로 알려지기 시작한 것은 1970년대 베트남 전쟁 때, 미군의 휴양소로 사용되면서 부터였다. 베트남의 개방이후에도 개발은 더뎠지만 2000년대부터 개발이 본격화되비치 근처에는 듬성듬성 호텔과 고층 빌딩이 있었다. 하지만 밀려드는 관광객으로 인해 미케비치의 해안선을 따라 빌딩들이 빠르게 채우고 있다. 미케비치의 중심에는 해안선을 따라 형성된 고층 빌딩과 호텔 앞으로 비치 파라솔이 늘어서 있고, 파라솔 아래는 태닝을 즐기는 관광객이 가득하다. 현지인들은 해가 정말 따가운 낮에는 나오지 않고 해 질 무렵에 나와 강렬한 햇빛을 피해 수영을 즐기고 휴식을 취한다.

다낭은 서핑을 즐기는 서퍼들이 해변을 매웠지만 점차, 카이트 서핑과 다양한 해양 스포츠를 할 수 있는 해변으로 변화하고 있어서, 그들이 쉴 수 있는 장기 숙소들도 같이 들어서고 있다. 고층의 호텔 뒤편으로 2, 3성급 호텔과 게스트하우스가 채워지면서 한 달 살기 이상의 장기 여행자와 호캉스를 즐기는 단기여행자들이 동시에 늘어나고 있다.

위치_ Vo Nguyen Giap Street, My Ward., My An, Da Nang

미케 비치에서 즐기는 나이트 라이프 바(Bar)

에코 비치 바 라운지 & 레스토랑
(Esco Beach Bar Lounge & Restaurant)

최근 다낭에 여행을 온 대한민국 사람들이 가장 많이 찾는 바Bar 겸 레스토랑이다. 물론 유럽 여행자들도 상당히 자주 찾아가는 곳이다. 해변 바로 앞에 있어 파도 소리와 음악을 들으면서 이야기를 나누고 맥주나 와인을 마신다. 식사를 못했다면 간단한 식사를 할 수 있으니 걱정하지 않아도 된다. 매주 토요일마다 불쇼를 열고 사람들은 바로 앞에서 보여주는 공연에 환호한다.

위치_ Lo 12 Va Nguyen Giap, Man Thai(Golden Sea 3 호텔 맞은 편)

파라다이스 비치(Paradise Beach)

에스코 비치 바^{Bar}가 현대적인 분위기에서 깔끔한 인테리어로 되어 있다면 파라다이스 비치는 열대 분위기를 끌어낸 바^{Bar}라는 점에서 다르다. 조명이 태국이나 발리를 연상시키는 해변 분위기에 해변에 앉아서 즐기는 것도, 흐리지 않은 날씨라면 주말에 축구 경기를 보거나 영화를 볼 수 있는 것도 유럽의 여행자들이 좋아하는 분위기이다.

위치_ 270 Vo Nguyen Giap, Bac My Phu(하이안 비치 호텔 맞은 편)

다양한 모습을 보여주고 있는 미케 비치

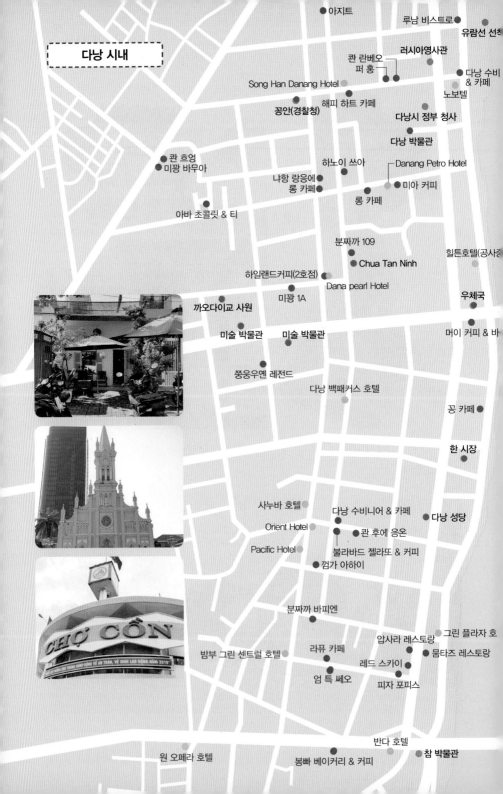

다낭 시내

아지트

루남 비스트로

유람선 선착

콴 란베오

러시아영사관

퍼 홍

다낭 수비
& 카페

Song Han Danang Hotel

노보텔

꽁안(경찰청)

해피 하트 카페

다낭시 정부 청사

다낭 박물관

콴 흐엉

미꽝 바무아

하노이 쓰아

Danang Petro Hotel

냐항 랑응에

롱 카페

미아 커피

아바 초콜릿 & 티

롱 카페

분짜까 109

힐튼호텔(공사

Chua Tan Ninh

하일랜드커피(2호점)

우체국

Dana pearl Hotel

까오다이교 사원

미꽝 1A

머이 커피 & 바

미술 박물관

미술 박물관

쭝웅우옌 레전드

다낭 백패커스 호텔

꽁 카페

한 시장

사누바 호텔

다낭 수비니어 & 카페

다낭 성당

Orient Hotel

콴 후에 응온

Pacific Hotel

불라바드 젤라또 & 커피

껌가 아하이

분짜까 바피엔

압사라 레스토랑

그린 플라자 호

밤부 그린 센트럴 호텔

라퓨 카페

뭄타즈 레스토랑

레드 스카이

엄 특 쎄오

피자 포피스

반다 호텔

원 오페라 호텔

봉빠 베이커리 & 커피

참 박물관

Bamboo Green
Riverside Hotel

● 보네 궉민

● 빈 반미   ● 포쓰아

Indochina Riverside
● 하일랜드
푸드코트

● 레트로 치킨   ● 서점

● 르 보르도

● 르 보르도   ● City Pub

● 제주항공 다낭 라운지

● 졸리 마트   ● 꽁 카페

● 오엠 펍

미 AA-해피 브레드

● Mayana Hptel   ● 한 시장(쩌 한)

● 뷰 스파

리버터 호텔   Centre Hotel
Thoi Dai Hotel ● ●   ●   ● 선 리버 호텔

One Star Hotel ● ● Paradise Hotel
● 호앙린 호텔

● 워퍼프런트 레스토랑

● 호이안행 버스정류장

● 다낭 성당   ● Happy Day Hotel
● 밤부 그린 호텔   ● 브릴리언트 호텔

● The Rachel Restaurant

● 아보라 호텔
콴 후에 응온   나항 쩨비엣
● 퍼 박하이   ● Coffee Namunamu
● 퍼 29
● 다이아 호텔   Me Trang Cafe ●   ● 메모리 호스텔   ● Dana Pearl 2Hotel
리몬첼로 ●   Highlands Coffee

● 동즈엉 레스토랑
(엔바이 분점)
● 센스 스파   ● 즈아 벤쩨 190 박당
껌도 레스토랑 ●
껌지 ●   ● Luxury Hotel

4U Boutique
Restaurant   ● 밤부 2부

다낭 중심부

● 알프레스코스

한 강(Han River) 즐기기

산책로 따라 걷기

한 강에는 노보텔, 힐튼 호텔 등 고급호텔부터 중저가 호텔까지 관광객들이 아침부터 밤까지 머무는 곳이다. 한 강을 따라 조성된 산책로에는 작은 공원부터 용다리 인근의 APEC 공원까지 만들어지고 있다.

주말에 용다리 불쇼 즐기기

주말 밤9시에는 용 다리에서 용의 머리에서 불을 내뿜으면서 시작되어 물까지 나오는 불쇼까지 펼쳐진다. 인도에는 10분의 불쇼를 보기 위해 사람들로 차게 된다.

박당 거리에서 강보며 커피나 코코넛 마시기

대한민국의 관광객이 자주 찾는 콩 카페부터 현지 사람들이 자주 찾는 코코넛 카페, 유럽 여행자들이 찾는 뱀부 2에서 맥주까지 한 강을 바라보며 저녁부터 밤까지 시원한 강바람을 맞으며 하루를 보낸다.

한 강 유람선 즐기기

많은 유람선 중에서 선택한다면 쏭 한 크루즈이다. 대부분 2층에 올라가 한 강 중앙에서 좌우를 둘러본다. 저녁식사를 하고 나서 음료를 구입해 탑승하여 한 강을 보면서 둘러보면 금상첨화일 것이다.

APEC 파크

2017년에 다낭에서 아시아태평양 경제 협력 회의를 하면서 이것을 기념하기 위해 만든 공원인데, 2019년까지만 해도 작은 공원으로 조성되었지만 지금은 2천 평이 넘는 공원 부지에 날아가는 연을 형상화한 건축물이 만들어지면서 공원을 넓혀나가고 있다.

야시장에서 야식 & 쇼핑

선짜 야시장은 용다리 옆에 위치해 있어 쉽게 야시장에서 야식을 즐기고 쇼핑도 가능하다. 베트남의 다양한 길거리 음식을 즐기며 하루를 마무리하는 것도 좋은 방법이다. 최근에는 정찰제를 표방하면서 골라 먹고 쇼핑을 하게 되어 마음이 편하다는 이야기를 하고 있다.

다낭 시내 둘러보기

(약 6~10시간 소요)

한 강 산책로 걷기 → 다낭 성당 → 콩 카페

한 시장 → 참 조각 박물관 → 용 교(주말에는 불쇼 관람)

APEC 공원 → 선짜 야시장 (저녁 식사) → 한 강 유람선(15만 동)

주의사항

낮에는 해가 뜨겁고 돌아다니기 힘들기 때문에 실내에서 즐길 수 있는 한 시장이나 참 조각 박물관을 둘러보고 오후 늦게 공원이나 선짜 야시장으로 이동하는 것이 피곤하지 않다.

한 강 다리

베트남의 첫 선개교인 한 강 다리는 중요한 교통적 연결로일 뿐만 아니라 현대 건축적, 예술적 걸작으로 평가받는다. 저녁에 멋진 한 강 다리를 따라 거닐면 눈부신 네온 불빛을 감상할 수 있다. 강변을 따라 걸으면서 독특한 건축 양식을 카메라에 완벽하게 담을 수 있는 장소를 찾아보거나 다리를 건너 도시를 벗어나 동부해안의 황금빛 해변에 닿을 수 있다.

한 강 다리는 1997년에 착공하여 3년 후에 완공되었다. 손트라 반도의 호텔과 리조트에 빨리 갈 수 있기를 바란 다낭 주민들이 공사에 큰 자금을 지원했기 때문에 큰 주목을 받았다. 한 강 다리의 화려한 설계적 특성을 감상하는 가장 좋은 방법은 걸어서 다리를 건너는 것이다. 천천히 486m 길이의 다리를 건너면 대각선으로 올라간 철골이 중앙 지점 위에 나무의 형상을 만들어낸다. 강 양쪽의 산책로를 따라 걸으면 다른 각도에서 다리를 볼 수 있다.

해가 진 후 밝은 네온 조명이 켜진 다리에 다시 찾아오면 다리의 그림자가 어두운 수면 위에 비쳐 어른거린다. 저녁 늦게 다시 돌아와서 다리가 회전하며 열리는 모습도 볼 수 있다. 한밤중에 몇 시간 동안 배가 지나갈 수 있도록 다리의 중심부가 수평으로 회전한다.

2013년에 용 다리가 새로 건설되었지만 한 강 다리는 여전히 도시와 해안가 사이를 오가는 지역 주민과 관광객의 중요한 관문 역할을 하고 있다. 다리의 동쪽으로 잠깐만 차를 달리면 팜반동 해변의 부드러운 모래와 따뜻한 푸른 바다가 펼쳐진다.

위치_ 손트라 반도에서 차로 15분 거리

용 다리
Dragon Bridge

길이 666m 행운의 다리인 드래곤 브리지 Dragon Bridge는 말 그대로 용 모양이라서 대한민국 여행자들은 '용 다리'로 부르고 있다. 용의 머리가 향한 부근에 수상 카페와 레스토랑, 러브 브리지, 요트 체험장 등 새로운 볼거리들이 생기고 용 다리를 볼 수 있는 레스토랑은 인기 레스토랑으로 탈바꿈하고 있다. 백미는 매일 밤 9시에 열리는 이벤트. 불을 뿜어내는 용의 모습을 볼 수 있다.

주소_ 손트라 반도에서 차로 15분 거리
시간_ 11~14시, 17~22시

참 박물관
Museum of Cham Sculpture

별 생각 없이 갔다가 의외로 볼 유물이 많은 참 박물관Museum of Cham Sculpture은 다낭의 하이 쩌우 지구에 있는 한 리버 서쪽 강둑에 자리해 있다. 신과 여신의 아름다운 조각이 포함된 방대한 유물을 둘러보면서 고대 베트남의 참 문화를 알 수 있다.

참 박물관Museum of Cham Sculpture에서 1000년 이상 된 신과 여신의 조각상을 비롯한 역사적인 유물을 볼 수 있다.

고대 참 왕국의 방대한 예술품인 사암, 테라코타, 청동에 새겨진 그림으로 가득 찬 홀과 갤러리를 둘러볼 수 있다.

참 왕국은 베트남 중부와 남부 해안 일대에서 번성한 국가로, 2세기 말엽부터 17세기 후반에서 18세기 초반까지 명맥을 유지했다. 4~13세기 동안 번영했던 참파 왕국의 방대한 조각을 만날 수 있다. 왕국은 많은 사원과 탑, 방대한 예술품을 남겼다. 300점이 넘는 전시품은 모두 프랑스

참파 왕국

참파(Chiêm Thành)는 베트남 중부 지방에 위치한 말레이계의 구 참족이 세운 왕국으로, 구 참족은 지금의 베트남 중부 남단에 거주하는 참족의 직접적인 조상이 된다. 참파 왕국은 인도 문화의 가장 동쪽에 세워진 왕국으로 캄보디아 지역의 프놈과 동맹을 맺기도 하면서, 남 중국과 끊임없이 싸움을 벌이면서 문화를 수호하려고 하였다

고고학 조사단이 발굴한 것이다.
박물관은 크게 2동의 건물로 이루어져 있

고, 시대와 양식별로 유물들이 전시돼 있
다. 정문 근처에 있는 탑 맘 갤러리에서

힌두교 신, 시바(Siva)와 비슈누(Vishnu)

시바(Siva)는 힌두교의 최고신으로, 힌두교의 삼주신인 트리무르티 중에 하나로 파괴의 신이자 마하데비의 남편이기도 하다. 보통 갠지스강이 흘러내리는 머리에 3개의 눈, 검푸른 목을 지닌 모습으로 묘사되며 삼지창과 아스트라의 일종인 트리슈라를 소유하고 있다.

비슈누(Vishnu)는 힌두교의 삼주신인 트리무르티 중 하나이자 비슈누 파 힌두교의 최고신으로, 악을 제거하고 다르마의 회복을 유지하는 역할을 하는 유지의 신이다.

바 비슈누

사원의 수문장인 드바라팔라

194

박물관 여행을 시작한다. 힌두교는 참파 미술의 근간을 이루는 종교이다.

문화는 중국과 인도에서 유입된 힌두교의 영향을 받았다. 힌두교의 주요 신인 브라마와 시바의 조각상이 보인다. 미선 갤러리My Son Gallery에서 중요한 신들의 조각상은 참 왕국의 가장 신성한 보호 구역인 미선에서 발굴되었다.

콴 트리 갤러리Quan Tri Gallery로 이동하면 7~8세기의 유물을 볼 수 있다. 엔라지드 갤러리Enlarged Gallery에는 장신구와 여신의 조각상, 시바 여신의 시중을 들던 성스러운 소, 난딘Nandin을 새긴 사암 조각을 볼 수 있다. 짜끼에우 갤러리Tra Kieu Gallery에서 1,500년 이상 된 석조 제단도 볼 수 있다.

타라 불상, 미선 E1 제단

타라 불상(Tat Tara)은 손, 발, 이마에 위치한 눈들이 세상을 보게 만들어 고통으로 힘든 중생을 구원해 주는 신이다. 중국의 티베트 불교에서 섬기는 보살을 서있는 입상으로 만든 청동상이다. 미선 E1제단은 7세기 후반에 제작된 시바신의 제단으로 악기 연주나 동물에게 설교하는 모습이 나타나 있다.

흥부엉 거리
Hung Vuong Street

다낭에서 가장 활기 넘치는 거리로 다낭의 중심이라고 할 수 있다. 거리를 따라 각종 의류 매장과 레스토랑, 카페가 밀집해 있어 휴양지가 아닌 도시 여행을 느낄 수 있는 곳이다.

베트남 시내를 가르는 오토바이와 구시가지의 오래되고 낡은 건물들이 주위를 감싸고 있다. 복잡하지만 다낭만의 규칙과 질서를 유지하며 도로 위를 달리는 오토바이들을 보면 신기한 마음으로 저절로 생긴다. 이곳에는 다낭 대성당과 한 시장, 꼰 시장이 있다.

다낭 성당(핑크 성당)

Chinh Toa Da Nang

1923년에 세워진, 다낭에서 유일하게 볼 수 있는 프랑스풍의 건축물이 시선을 사로잡는다. 분홍색 외벽과 풍향계가 달린 70m의 뾰족한 첨탑은 한눈에 보이기 때문에 관광객들은 관심을 보인다.
이른 아침에 수탉이 울기 전에 예수 그리스도를 3번 부인한 베드로의 이야기로 수탉이 회개를 한다는 이야기를 듣고 만들었다고 한다. 미사가 있는 매주 일요일에만 입장할 수 있다. 성당 내부의 화려한 스테인드글라스도 눈길을 사로잡는다.

홈페이지_ www.giaoxuchinhtoadanang.org
주소_ 156 Tran Phu, Hai Chau, DaNang
시간_ 5~18시

197

한 시장
Han Market

흥부엉 거리는 다낭이 작은 도시였을 때부터 사람들이 터전을 잡고 살았던 거리이다. 그래서 근처에는 다낭을 대표하는 재래시장인 한시장이 있다. 사람들은 시장에서 필요한 물건을 구입하고 상인들이 모여들면서 더욱 큰 시장으로 변화하였다.

지금은 'ㅁ'자형태의 2층 건물로 탈바꿈했다. 과일, 채소부터 베트남 중부에서 맛볼 수 있는 미꽝, 반베오 등으로 한끼를 채울 수 있다.

베트남 사람들이 아직도 필요한 물건이 모두 모여 있다고 하여 관광객이 많이 찾지만 과일이나 베트남 커피, 아오자이 등을 빼면 구입할 물품은 많이 없다. 그래도 베트남 시장의 분위기를 느껴볼 수 있다. 실내에 에어컨이 없으므로 오전이나 해질 때 베트남 로컬 저녁식사를 위해 찾는 것을 추천한다.

주소_ 119 Tran Phu, Hai Chau, DaNang
시간_ 7~19시
전화_ 0236-3821-363

꼰 시장
Con Market

한 시장이 다낭을 대표하는 재래시장이라면 꼰 시장은 저렴한 가격으로 기념품을 살 수 있는 시장이다. 특히 한국 관광객들이 패키지 상품 초창기부터 찾아 유명해졌다. 지금은 한 시장에서 아이쇼핑을 하고 꼰 시장에서 구입한다는 이야기를 할 정도로 관광객이 많이 찾는다.

특히 한 시장은 정찰제를 표방하지만 꼰 시장은 흥정이 가능하기 때문에 재미가 있다. 실내가 넓어서 시장 구경하는 재미를 느끼기 위해 찾는 관광객도 상당히 많아졌다.

주소_ 269 Ong Ich Khiem, Hai Chau, DaNang
시간_ 6~21시
전화_ 0236-3837-426

빈콤 플라자

다낭 비치에서 까우 송 한강 다리로 가는 교차로에 있는 대형 쇼핑몰로 베트남 전역에 체인을 두고 있는 빈콤 플라자 다낭 지점이다. 우리나라의 일반적인 복합 쇼핑몰과 유사하게 해외 유명 브랜드와 대형마트, 영화관 등이 입점해 있다. 웅장한 외관과 깔끔하고 시원한 실내로 구성되어 있어서, 주말엔 특히 붐비는 곳이다.

층별안내

1층 | 의류, 전자제품, 신발, 액서사리, ATM   **2층** | 빈콤 마트, 의류
3층 | 키즈 카페, 서점, 가정생활 용품   **4층** | 푸드 코트, 영화관, 아이스링크

확인사항
- 빈 마트는 8시부터 이용가능. 주차장 계단으로 올라가면 된다.
- 3층에 빈케 키즈 카페가 있다. 90,000동/어린이 1명
- 4층 영화관에서는 최신 한국영화도 상영한다.
- 4층 아이스링크는 매주 목요일에는 50%할인 행사를 한다.
  (주중 : 100,000동, 주말 : 140,000동, 스케이트 대여 : 30,000동)

홈페이지_vincom.com.vn   **주소**_ 910A Ngô Quyến, An Hải Bắc, Sơn Trà, Đà Nẵng
시간_ 9시 30분~22시   **전화**_ +84-236-3996-688

빈콤 마트

빈콤 플라자 2층에 있는 대형 마트이다. 플라자 내에 자리하고 있어서, 실내가 넓고, 쾌적해서 현지인뿐만 아니라 관광객들도 많이 찾는 곳이다. 신선식품, 가정생활 용품, 즉석 식품, 기념품까지 다양한 제품을 판매하고 있다. 판매 품목은 롯데마트가 조금 더 다양하지만, 숙소 위치가 빈콤 플라자가 가깝다면 방문하는 것을 추천한다.

주소_ 빈콤 마트 2층
시간_ 8시~22시
- 빈콤 플라자는 9시부터 영업을 시작하지만, 주차장 계단으로 올라가면 빈 마트로 올라가면, 8시부터 이용 가능.
- 300,000동 이상 주문 시 무료 배송해준다.

빈콤 플라자 Eating

🍴 키치-키치
KICHI KICHI

다양한 고기, 해산물, 야채를 무제한으로 즐길 수 있는 샤브샤브 뷔페다. 회전 초밥 집과 비슷하게 테이블에 앉으면 각각의 개인 샤브샤브 냄비를 깔끔하게 세팅을 해준다. 돌아가는 회전 접시를 집어서 냄비에 넣어서 먹는다.

소고기, 돼지고기, 닭고기에서부터 개구리 고기까지 있다. 1인용 냄비가 있는 바Bar 테이블도 있어서 혼자 여행하는 사람도 부담 없이 즐길 수 있다. 빈콤 마트에 있어서, 쾌적하고 시원해서, 현지인들로 식사 시간뿐만 아니라 항상 만원인 곳이다. 텍스는 미포함 되어 있고, 물수건도 비용을 받는다.

주소_ 빈콤 마트 4층 **시간_** 9시 30분~22시 **요금_** 무제한 189,000동/1인, 고기 단품 69,000동

고기 하우스
GoGi House

빈콤 플라자 4층 에스컬레이터 근처에 있는 한국식 고기집이다. 소고기부터 닭고기까지 다양한 고기류와 김치찌개, 비빔밥, 김치 등 기본적인 한국 음식은 다 갖추고 있다. 실내 장식부터 불판까지 한국 제품을 그대로 가지고와서 현지인들에게 특히 인기가 많은 곳이다. 메뉴판을 보고 직원에게 먹고 싶은 것을 주문하면, 1인분씩 가져다준다.

단품보다는 가격도 저렴하고, 다양한 메뉴가 포함된 뷔페 코스를 추천한다. 한국 음식을 먹으려고, 줄 서서 기다리는 베트남 사람들을 보면, 괜히 뿌듯하다. 베트남 프랜차이즈로 베트남 주요 도시에 지점을 가지고 있고, 다낭에도 3개의 지점이 있다.

주소_ 빈콤 마트 4층 **시간_** 9시 30분~22시
요금_ 2999,000동/성인 기준, 단품 삼겹살 89,000동, 떡볶이 99,000동, 비빔밥 89,000동

손트라 야시장
Son Tra Night Market

용다리 머리 쪽으로 직진하여 올라가면 있는 손트라 야시장은 다낭을 대표하는 야시장이다. 진입로는 여러 곳이 있는데 시내에서 걸어가기도 한다. 간이 부스에 차려진 많은 상점들이 먹거리와 기념품 등을 판매하고 있어서 시원한 강바람을 맞으면서 시장을 둘러볼 수 있다. 최근에 개장한 헬리오 야시장은 시내에서 멀어서 찾기 불편하지만 손트라 야시장은 찾기 쉬운 장점이 있다. 특히 베트남에서만 먹어볼 수 있는 다양한 먹거리를 저렴하게 먹고 마실 수 있어서 다낭에서 해가 진 후 꼭 찾아가는 명소가 되었다.

사랑의 다리
DHC Marina

해가 지면 용다리Dragin Bridge에 불이 켜지고 용다리 머리의 동쪽 부두에 사람들이 모여든다. 선착장을 향해 뻗은 다리에 붉은 하트에 불이 켜지면서 아름답게 변한다. 주말에 관광객이 많아지면 좁은 다리에 사람들로 꽉 찬다.

입구에는 싱가포르의 라이언 상을 보고 만든 잉어 분수상이 있다. 용이 입으로 물을 솟구치고 몸통은 잉어인데 용으로 변하고 있는 잉어라는 뜻으로 '까 쨉 호아Ca Chep Hoa Rong'라고 부른다. 베트남의 장인 30명이 200톤의 대리석 상을 만들었다.

홈페이지_ www.dhcgroup.vn
주소_ Dường Tràn Hung Dao, An Hài Teung, Son Trà
전화_ 0236-3561-545

아시아 파크
Asia Park

대 관람차가 있는 아시아 파크는 선휠^{Sun} Wheel로 유명하지만 뜨거운 낮에 관람하는 것은 덥고 습해서 이용하는 것이 쉽지 않다. 베트남의 유명 기업인 선 그룹에서 아시아 파크를 인수하여 대규모 테마 파크로 만들고 이름도 선 월드 다낭 원더스라고 붙였지만 관광객들은 아시아 파크로 알고 있다. 베트남을 중심으로 아시아 9개국의 문화를 테마로 놀이기구를 만들어놓았다.

다만 바이킹, 회전목마, 자이로드롭, 롤러코스터 등의 놀이기구는 어디서든 쉽게 탈 수 있기에 대한민국의 관광객들이 만족하기는 쉽지 않다. 아이들과 함께 온 가족여행자들이 포토존에서 사진을 찍고 붐비지 않고 즐길 수 있는 것은 장점이다.

홈페이지_ www.danangwonders.sunworld.vn
주소_ 1 Phan Dang Luu, Hoa Curong Bac, Hai Chau
시간_ 15시 30분~22시 (주말은 9시부터 시작)
요금_ 자유이용권 200,000dong
　　　(어린이 150,000dong/1m 이하의 어린이는 무료)
전화_ 0236-3681-666

대관람차 '선휠'

115m에 이르는 대 관람차는 싱가포르에서 벤치마킹하여 세계 10대 관람차로 만들었다. 15~20분 정도 소요되는 관람차에는 6명까지 탑승이 가능하다.

낮에 관람차를 타면 너무 더워서 쪄 죽는다고 이야기하므로 해지는 시간대를 확인하고 탑승하는 것이 좋다. 해지는 한강 다리에서 붉은 빛으로 물드는 떨어지는 해를 보는 것은 하루의 피로가 싹 사라지게 할 것이다.

아시아 파크 야시장

아시아 파크 옆에는 밤마다 야시장이 열리는데, 사람들로 붐비지 않으면서 야시장을 즐길 수 있다는 것이 장점이다. 다낭에서 가장 유명한 손트라 야시장에는 항상 다낭시민들과 관광객들로 붐비고 혼잡스럽다. 현지인들은 주로 아시아 파크의 야시장을 이용하여 데이트나 친구들과 즐기는 경우가 늘어나고 있다.

대한민국 관광객이 찾는 다낭의 대표 Eating Best 7

버거 브로스(Burger Bros)

다낭에서 관광객에게 가장 유명한 수제 버거 전문점으로 대표 메뉴는 미케 버거 Mike Burger이다. 2015년에 시작된 수제 버거는 고기를 좋아하는 서양 관광객에게 알려지면서 지금에 이르렀다. 페티를 2개를 넣기만 하는 것이 아니고 풍부한 육즙이 가득한 패티가 인상적이다.

그래서 큰 버거는 두손으로 잡아야만 할 정도이다. 다낭에 비치와 시내에 2개 지점이 있고, 15만동 이상 주문하면 숙소까지 배달을 해주기 때문에 관광객들이 저녁 시간에 배달을 많이 주문한다. 점심시간 이후에 쉬는 브레이크 타임이 2~3시 사이에 있다.

시내점
주소_ 4 Nguyễn Chí Thanh, Thạch Thang, Hải Châu, Đà Nẵng(시내점)
시간_ 11~14시, 17시~22시   **요금_** 미케 버거 140,000동, 치즈 버거 80,000동   **전화_** +84-093-192-12-31

마케비치점
주소_ 18 An Thuong 4, My An Ward, Ngu Hanh Son District, Da Nang
시간_ 11~14시, 17시~22시   **요금_** 미케 버거 140,000동, 치즈 버거 80,000동   **전화_** +84 094 557 6240

퉁피 비비큐(Thung Phi Bbq)

여행 예능이었던 '배틀 트립'에 소개된 이후 베트남만의 숯불구이로 인기를 얻게 되었다. 대로변에서 안쪽으로 50m정도 들어가면 노란색의 간판이 보이고 가정집으로 걸어 들어가야 찾을 수 있지만 많은 사람들이 찾는 곳이라 인파를 따라가면 나올 것이다. 한국인 관광객이 많아지면서 기본 반찬이 서비스로 나오고 숯불을 가운데에 놓아준다. 모든 고기의 바비큐를 맛보게 해주기 때문에 소고기, 돼지고기, 닭고기, 새우, 개구리 등 다양하다. 4명이상의 가족 여행객은 화로가 작아서 굽다가 시간이 간다고 말하기도 한다.

주소_ 195 Nguyễn Văn Thoại, An Hải Đông, Sơn Trà, Đà Nẵng **시간_** 16~22:30
요금_ 소고기 안심 79,000동, 돼지 갈비69,000동 **전화_** +84-093-454-22-33

람 비엔 레스토랑(Lam Vien Restaurant)

문재인 대통령도 방문한 다낭에서 유명한 베트남 고급 레스토랑으로 깔끔하게 정리된 정원에서 처음으로 놀라게 된다. 2층으로 올라가는데, 신발을 벗고 올라가고, 테이블이 조그만 방으로 나누어져 조용히 식사하도록 도와준다. 그동안 유럽 여행자에게 베트남 요리를 고급스럽게 즐길 수 있어서 알려졌다가 대통령 방문 이후, 대한민국 관광객들의 방문이 더욱 많아졌다고 한다. 성수기의 저녁 식사는 특히 예약을 하지 않으면 오랜 시간 기다려야 하니, 예약을 하고 이동하는 것이 좋다.
겉은 바삭하고 속은 촉촉한 반쎄오, 돼지갈비 볶음을 새콤한 소스에 찍어 먹으면 베트남 요리를 달리 생각하게 될 것이다. 식사 인원이 4명 이상이라면 저녁에 야외에서 시원한 바람과 함께 하는 것을 추천한다.

홈페이지_ http://lamviendanang.com/index.php/contact-us
주소_ 88 Trần Văn Dư, Bắc Mỹ An, Ngũ Hành Sơn, Đà Nẵng
시간_ 11시 30분~22시 **요금_** 반쎄오 135,000동, 스프링롤 150,000동 **전화_** 0236-3959-171

피자 포피스(Pizza 4P's)

하노이를 시작으로 호치민, 다낭 등 베트남 대표 도시에서 인기를 끌고 있는 피자 전문점이다. 최근의 재료에 관심이 높은 트렌드에 맞게 좋은 재료로 만든다. 가장 인기가 높은 메뉴는 반반 피자로 중앙에 보이는 화덕에 넣어 직접 조리과정을 볼 수 있다.

직접 만든 치즈를 추가 하면 덩어리 상태 그대로 피자에 올려주므로 더욱 먹음직스럽다. 게살 스파게티, 바질소스 스파게티, 새우 파스타, 연어 크림 파스타 등 다양한 메뉴의 피자가 있다. 점점 현지인들도 방문이 많아지고 있어서 예약을 안 하고 가면 대기를 하는 경우가 많아 홈페이지나 전화로 예약을 하는 것이 좋다.

홈페이지_ http://pizza4ps.com
주소_ 8 Đường Hoàng Văn Thụ, Phước Ninh, Hải Châu, Đà Nẵng
시간_ 19시~22시, 토요일, 일요일 9시~22시 30분 **요금_** 게 파스타 225,000동, 마르게리타 150,000동
전화_ +84-028-3622-0500

퍼 홍(Quán Phở Hồng)

쌀국수 전문점으로 고기가 부드럽고 면발이 쫄깃하고 깔끔한 국물 맛이 한국 관광객에게 소문이 났다. 다낭 시내 관광을 하다가 대성당 근처에서 점심으로 추천한다.
스프링롤(넴)도 인기가 있지만 쌀국수, 양지 쌀국수, 차돌 쌀국수가 한국인 입맛에 맞다. 현지인들은 쌀국수와 함께 주는 튀긴 긴 꽈배기인 '꿔이'는 국물에 적셔 먹는다. 한국인이 많이 방문하면서 김치도 반찬으로 주고 있다.

주소_ 10 Lý Tự Trọng, Thạch Thang, Hải Châu, Đà Nẵng
시간_ 7시~21시 **요금_** 쌀국수 40,000동 **전화_** +84-98-878-23-41

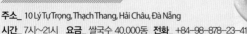

반미 해피 브레드

한 시장을 쇼핑하고 나서 배가 고파진다면 길 건너 반미를 간식으로 추천한다. 이곳은 한국인이 직접 반미를 만드는 곳으로 빵 안이 부드럽고 쫄깃하며, 겉은 바삭바삭하다. 내부가 청결하고 반미 속 재료도 신선하다.

현지인들이 만드는 반미와는 다르게 패스트푸드 햄버거 가게처럼 반미를 판매하기 때문에 베트남에서 대한민국 스타일로 변환된 반미라고 생각하면 될 것이다. 다낭 시내의 한시장이 가까이 있는 1호점은 항상 붐비므로, 여유롭게 즐기고 싶다면 근처의 2호점을 찾아가 보자.

주소_ 14 Hùng Vương, Hải Châu 1, Hải Châu, Đà Nẵng   **시간_** 10〜22시   **요금_** 새반미 JJ 70,000동, 반미TL 60,000동
전화_ +84-764-926-403

파 라운지(FA lounge)

싱싱한 해산물 요리뿐만 아니라 일반적으로 먹는 베트남 요리가 다양하다. 주인이 직접 메뉴도 설명하면서 추천도 해주기 때문에 편하게 한국에서 먹는 것처럼 맛있는 한 끼를 할 수 있다. 다만 한국인 입맛에 맞는 베트남 요리로 먹는데 부담은 없지만 로컬 베트남 요리와는 조금 다르다. 신선한 재료와 내부가 깔끔하고 한국어가 가능한 베트남 해산물 식당으로 더욱 인기가 높아지고 있다.

주소_ Lô 18AB2 Võ Văn Kiệt, Phước Mỹ, Sơn Trà, Đà Nẵng
시간_ 10시 30분〜 22시   **요금_** 새우 마늘 볶음 195,000원, 반호이 120,000원, 바지락탕 90,000동
전화_ +84-236-3966-996

다낭 커피 & 카페 Best 7

하이 파이브 커피(High 5 coffee)

사랑의 다리 근처에 작은 시장이 있는, 노란색이 커피전문점 간판으로 유명한데, 직원들도 상의를 노란색으로 입고서 서비스를 해주기 때문에 기억에 많이 남는다. 1층의 야외 테이블에서 이야기를 나누는 사람들은 대부분 다낭 시민들이고 실내에서 에어컨 바람에 시원하게 있는 사람들은 한국관광객이다. 노란색 간판이 눈에 띄는 커피 전문점은 현지인들의 데이트 장소였지만 최근에는 대한민국 여행자가 더욱 많아졌다. 의외로 저렴한 가격에 조용한 분위기에서 베트남식의 커피, 주스, 스무디를 마실 수 있다.

주소_ 42 Mai Hắc Đế, An Hải Trung, Sơn Trà, Đà Nẵng
시간_ 6시 30분~22시   **요금_** 스무디 39,000동   **전화_** 0866-687-667

르 쁘띠 카페(le petit Café)

아기자기한 실내분위기는 세련되지는 않지만 다낭의 더운 날씨를 피해 시원하게 쉬었다 가기에 좋다. 신발을 벗고 올라가면 의자에 앉아 오랜 시간 머무르는 2층은 데이트 전용 공간처럼 이용된다. 카페에는 반미와 샌드위치가 있어 간단한 식사를 하면서 머물 수 있다. 로컬 카페보다는 커피 가격이 비싸지만 오래 머무르는 시간까지 감안하면 적당한 가격이다.

주소_ 51 Hoàng Kế Viêm, Bắc Mỹ Phú, Ngũ Hành Sơn, Đà Nẵng
시간_ 6시30분~20시 30   **전화_** + 84-093-910-05-85

투 차 (TOOCHA)

다낭 용 다리 뒤쪽 카페가 몰려 있는 거리에 있는 밀크 티 전문점으로 호치민에도 있다. 배달하는 사람과 주문하는 손님이 많아서 항상 북적이는데, 나에게 맛은 공차와 차이가 없었다. 특히 현지인들은 1층 주로 자리를 잡기 때문에 북적이지만 2층으로 가면 조용하게 즐길 수 있다. 영수증에 주문번호와 이름을 적어 차가 나오면 불러주기 때문에 기다리지 않아도 좋다. 시원한 바람을 맞으면서 저녁에 즐기는 현지인들이 있었지만 관광객이 많아지면서 낮에도 북적이는 곳이 되었다.

주소_ 79 Nguyễn Văn Linh, Phước Ninh, Hải Châu, Đà Nẵng   **시간_** 7시 30분~22시   **전화_** +84 1800 1991

휴롬 주스 카페(Hurom Juice Cafe)

생과일을 직접 짜주는 방법이 흔하지 않아서 한국 스타일의 과일 빙수, 아이스크림 등으로 인기를 끌고 있다. 동그랗게 떠낸 수박에 연유를 올려 먹는 수박 빙수는 한여름의 더위를 식혀주고 열대지방에서만 맛볼 수 있는 메론 빙수는 관광객의 주로 주문하는 메뉴이다. 한류가 인기를 끌면서 덩달아 인기가 높아지면서 마켓비치점도 문을 열었다.

주소_ 40 Nguyễn Văn Linh, Nam Dương, Hải Châu, Đà Nẵng   **시간_** 7시~23시
요금_ 수박빙스 120,000동, 메론 빙수 130,000동   **전화_** +84-236-6279-977

블러바드 젤라또 커피(Boulevard Gelato & Coffee)

다낭 대성당 근처에는 젤라또를 전문으로 판매하는 커피점으로 베트남식의 블랙커피와 밀크 커피부터 카푸치노 등의 커피도 같이 즐길 수 있다. 18가지의 젤라또를 판매하고 있다. 코코넛 젤라또와 수박 메론 빙수를 비롯해 18가지의 젤라또를 만들고 있다. 인테리어가 유럽 분위기에 깔끔하여 현지 연인들이 자주 찾는다.

주소_ 77 Trần Quốc Toản, Phước Ninh, Hải Châu, Đà Nẵng　**시간_** 7시 30분~22시
요금_ 3 scoops(3가지맛) 75,000동, 2가지맛 55,000동　**전화_** +84-96-800-76-25

미트 프레쉬(Meet fresh)

초록색 간판으로 인상적인 대만 빙수 체인점으로 입구에 빙수를 보여주면서 방문객을 끌어 모으고 있다. 생 망고가 가득한 망고 빙수는 둘이 먹기에 충분할 정도이다.

다만 빙수의 가격이 저렴한 편은 아니기 때문에 대부분 2명이 하나의 빙수를 주문한다. 빙수에는 팥, 젤리, 푸딩, 연 두부를 토핑이 들어가 젤리 팥빙수 등의 이름으로 주문할 수 있다. 신발을 벗고 2층으로 올라가 조용히 대화를 나누면서 빙수를 즐길 수 있어서 연인들이 자주 찾는다.

주소_ 87 Yên Bái, Phước Ninh, Hải Châu, Đà Nẵng
시간_ 9시~10시 30분
요금_ 홍차 45,000동, 망고 슬러쉬 75,000동
전화_ +84-93-593-98-38

차타이(Che Thai Lien)

오로라 호텔 길 건너편에는 사람들이 줄서 있는 모습을 볼 수 있다. 사람들이 오고가고, 배달과 포장이 끊임없이 이어진다. 젤리, 열대과일인 두리안, 리치, 잭 푸르트 등 달고 쫄깃한 젤리의 식감이 빙수맛을 더한다. 외식이나 산책 후 가족과 함께 즐기는 현지인을 쉽게 볼 수 있다. 로컬이라 실내에 자리가 없으면 밖에서 목욕탕 의자에서 자리 잡고 먹으면 된다.

주소_ 189 Hoàng Diệu, Nam Dương, Hải Châu, Đà Nẵng   **시간_** 8시~22시
요금_ 체타이 20,000동   **전화_** 090-644-60-73

다낭의 인기있는 베트남 전문요리 Best 7

하노이 쓰어(Hà Nội xưa)

골목에 들어가면 고기를 굽는 냄새가 코를 자극하고 사람들이 줄 서 있는 장면으로 다낭의 맛집이라는 사실을 알 게 된다. 점심시간에만 파는 분짜Bun Cha는 인원수대로 나오고, 넴Nem은 추가로 주문하면 빠른 시간 안에 내 온다. 불향이 가득한 고기가 느끼할 수 있는데, 무가 가득 담긴 느억맘 소스에 쌀국수를 찍어서 같이 먹으면 느끼함이 사라진다. 다낭에서 오랜 시간 동안 다낭 시민에게 사랑받은 만큼 가격도 저렴하게, 맛도 딸이 배우면서 유지하려고 한다. 점심 장사지만 재료가 금방 떨어지면 문을 닫으니, 일찍 방문해보자.

주소_ Đà Nẵng, Hải Châu, Nguyễn Chí Thanh, Q. Hải Châu
요금_ 10시 ~ 14시 30분 **시간**_ 40,000동, 넴 12,000동 **전화**_ 0906-220-858

옹황(ng Hoang)

현지인들에게 인기 있는 식당으로 계란 지단 길이가 35cm이고 재법 큰 새우가 들어간 '반쎄오'로만 운영하고 있다. 베트남 젓갈에 라임과 작고 매운 고추를 넣어 소스를 만들어서 각종 쌈과 야채에 둥글게 만들면 된다. 베트남 젓갈에 라임과 작고 매운 고추를 넣어 소스를 만들어서 각종 쌈과 야채에 둥글게 만들면 된다. 쌀국수 면, 얇게 자른 돼지수육, 튀긴 두부, 넴, 오이 등은 매일 달라지지만 음식을 싸서 소스에 찍어먹으면 베트남 중부의 맛을 느낄 수 있을 것이다. 사랑의 다리 근처에 있어서 찾기도 쉽기 때문에 저렴한 가격에 베트남 전통 요리를 맛볼 수 있는 곳으로 사랑받고 있다.

주소_ 395 Đường Trần Hưng Đạo, An Hải Trung, Sơn Trà, Đà Nẵng
요금_ 분다우 맘 톰 45,000동, 반쎄오 35,000동 **시간_** 24시간 **전화_** 0768-509-179

반쎄오 바즈엉(Bánh Xèo Bà Dưỡng)

바삭한 반쎄오를 라이스 페이퍼에 각종 야채를 넣어 돌돌 싸서 함께 가져온 고소한 땅콩 소스에 찍어 먹으려면 반쎄오 골목으로 가는 것이 좋다. 골목 제일 끝에 위치하여 찾아가기가 힘들고, 깔끔하고 에어컨이 나오는 시원한 식당은 아니다. 반쎄오와 함께 주는 넴 루이는 먹는 만큼 계산하기 때문에 많이 준다고 거부할 필요는 없다. 야채에 고수도 포함되어 있어서 고수는 빼고 먹으면 된다.

주소_ 23 Hoàng Diệu, Bình Hiên, Hải Châu, Đà Nẵng
요금_ 반쎄오 60,000동, 넴루이 6,000동/개
시간_ 9시~21시 30분
전화_ +84-0236-3873-168

껌가 아하이(Cơm gà A.Hải)

닭다리를 밥 위에 올라가 있는 껌가를 파는, 에어컨이 나오지 않는 로컬 식당이다. 점심시간에는 현지인만 있었지만 최근에는 관광객들로 북적이고, 먹으면 바로 자리를 비워줘야할 정도로 손님이 많다. 닭다리가 꽤 큰 편인데, 구운 치킨의 맛이 옛날 통닭과 비슷해 저녁 식사뿐만 아니라 맥주와 함께 음주를 하기도 했다. 맑고 담백한 국물과 아삭한 양배추 피클도 같이 주는 데, 국 대용으로 좋다.

주소_ 100 Thái Phiên, Phước Ninh, Hải Châu, Đà Nẵng
요금_ 껌가 48,000동   **시간_** 8시~22시
전화_ +84-090-531-26-42

반 베오 바베(Bánh bèo Bà Bé)

주인 아줌마가 친절하게 먹는 법도 가르쳐주기 때문에 베트남의 전통 음식을 먹고 싶은 관광객이 자주 찾는다. 찹쌀로 만든 피에 고기, 구운 마늘, 새우등을 올려서 먹는 반베오는 찹쌀로 만든 바삭한 꽈베기(람)를 위에 올려주는 '반 잇람'이라고 부른다.
찹쌀로 쫄깃하게 만들기 때문에 쫀득쫀득 식감이 고기와 느끼함을 잡아준다. 반 베오, 반록, 짜넴, 반 잇람이 세트로 나오므로 인원에 따라 가격이 결정된다.

홈페이지_ www.madamelan.vn **주소_** 100 Đường Hoàng Văn Thụ, Phước Ninh, Hải Châu, Đà Nẵng
요금_ 1인 30,000동   **시간_** 6시~10시 **전화_** +84-90-645-04-63

분맘번(Bún Mắm Vân)

얇은 쌀 면이 들어가는 음식에는 '분Bún'이라는 이름이 붙는데, 파파야, 구운 돼지고기, 땅콩 고명에 나오는 음식으로 우리나라 비빔국수와 더 비슷하다. 개인이 원하는 만큼의 느억맘 소스를 넣고 비벼 먹는 베트남 스타일의 비빔국수는 점심 식사로 다낭에서 자주 먹게 된다. 국물이 진하게 면을 적실만 큼만 나오는 '미꽝'과는 다른 음식이다.

이곳은 골목 안쪽에 있어서 찾아가기가 힘들지만 점심 식사시간이 되면 식당 앞에 사람이 몰려 있어서 쉽게 찾을 수 있다. 얇게 썬 돼지고기 수육을 야채들을 라이스페이퍼에 싸서, 느억맘 소스에 찍어먹는 '반짱 꾸온 팃 헤오'가 인기이다. 현지인들은 언제나 북적거리기 때문에 가끔 주문을 까먹기도 하니 주문이 되었는지 확인하는 것이 좋다.

> **먹는 방법**
>
> 젓갈 소스는 비빔국수와 어울리지 않다고 생각되지만, 비벼서 먹어보면 매콤하고 짭짤한 맛이 비리지 않다. 자주 먹으면 향긋한 향이 느껴지는 특이한 맛이다. 더운 지방에서 느억맘 소스를 이용해 새로운 음식을 만들어 낸 것이 신기하다. 테이블 위에 있는 고추를 소스에 넣으면 매콤한 비빔국수 맛을 느낄 수 있다.

주소_ 23/14 Trần Kế Xương, Hải Châu 2, Hải Châu, Đà Nẵng **요금_** 분팃꾸아이 22,000동, 반짱 꾸온팃헤오 45,000동
시간_ 6시 30분~22시 **전화_** +84-236-3818-009

반 쿠온 농 하이후에(Bánh cuốn nóng Hải Huệ)

다낭 주경기장 근처에 있는 반 꾸온을 파는 식당이다. 반 꾸온은 얇은 쌀가루 반죽에 다진 돼지고기와 목이 버섯 등의 재료를 넣어서 말고 뜨거운 열기에 찐 음식이다. '분'은 얇은 면이지만 '반'은 넓은 면이라서 쫄깃한 식감이 다가오고, 아삭한 야채에 느억만 소스를 넣어 적당하게 간을 만든다. 아침이나 점심에 간단하게 한 끼 식사를 위해 팔고 있기 때문에 가격도 저렴하다.

주소_ 47A Ngô Gia Tự, Hải Châu 1, Hải Châu, Đà Nẵng
요금_ 반꾸옹 25,000동(스몰), 30,000동(라지)
시간_ 6시~21시 **전화_** +84-93-563-49-14

다낭의 인기있는 쌀국수 전문점

포뚜(Phở Thu)

미케 비치와 가까운 곳에서, 깔끔하게 쌀국수와 분짜, 스프링 롤의 베트남 전통 요리를 2012년부터 판매하고 있다. 겉이 바삭하고 속은 부드러운 스프링 롤은 재방문하는 사람들이 많아서 항상 북적인다. 주문할 때 고수를 못 먹는다고 미리 이야기를 하면 빼준다. 아이를 위한 의자가 있어 가족여행자도 자주 찾는다.

주소_ Lô 42 Đỗ Bá, Bắc Mỹ Phú, Ngũ Hành Sơn, Đà Nẵng
시간_ 12시~22시 **전화_** +84-0236-3561-668

냐벱(Nhà hàng Nhà Bếp)

진하지만 담백한 국물에 소고기를 고명에 얹어 한 끼 먹으면 든든한 다낭의 대표적인 쌀국수 전문점으로 알려져 있다. 새우, 조개, 오징어를 넣어 매운 국물로 만든 쌀국수는 로컬 쌀국수의 맛과는 다르게 관광객의 입맛에 맞추었다. 포 하이산, 쌀국수 면과 큼직한 숯불향 나는 고기가 가득 들어간 '분짜' 등 베트남 음식을 깨끗하게 먹을 수 있는 곳이다.

주소_ 416 Võ Nguyên Giáp, Bắc Mỹ An, Ngũ Hành Sơn, Đà Nẵng
시간_ 10시 30분~22시
요금_ 소고기 쌀국수 69,000동, 파인애플 볶음밥 119,000동
전화_ +84-090-520-47-78

분짜까 109(Bún chả cá 109)

다낭 시민들이 아침에 줄 서서 먹는 쌀국수로 유명하다. 어묵에 양배추, 토마토로 우린 국물이 의외로 칼칼해서 술 먹고 아침에 해장으로 먹는 사람들도 많다. 관광객은 '라지'로 주문을 하고 작은 '스몰'은 현지인들이 찾는다. 현지인에게는 물어보지도 않지만 관광객에게는 사이즈를 물어본다. 레몬을 짜서 넣고 작은 베트남 고추까지 넣으면 해장에 좋은 해장국이 된다. 더운 점심시간에는 에어컨이 없어서 꽤 덥기 때문에 아침에 찾아가는 것을 추천한다.

주소_ 109 Nguyễn Chí Thanh, Hải Châu 1, Hải Châu, Đà Nẵng
시간_ 6시~22시 **요금_** 25,000동~30,000동 **전화_** +84-094-571-3171

분짜까 바 피엔(Bun Cha Ca Ba Phien)

양배추와 생선. 어묵으로 우린 칼칼한 국물은 기름기가 있는 육수를 싫어하는 관광객에게 호불호가 갈리게 한다.

작지만 정리는 잘 되어 있는 로컬 쌀국수 식당으로 이른 아침부터 북적인다. 어묵이 4~5가지나 들어가기 때문에 고수의 강한 향을 어묵이 대신하도록 만들었다. 분짜까 109와 비교하는 관광객이 많다.

주소_ 63 Lê Hồng Phong, Phước Ninh, Hải Châu, Đà Nẵng
시간_ 5시 30분~10시
요금_ 분짜까 30,000동, 참치 대가리 45,000동
전화_ +84-90-510-20-47

포 박 하이(Phở Bắc Hải)

대성당 근처에 있는, 진한 국물이 찰기가 있
는 면발이 쫄깃한 베트남 중부의 전통 쌀국
수 맛을 느낄 수 있다. 숙주, 야채, 라임, 고
추를 넣어먹는 데, 관광객은 그대로 먹는 것
이 더 낫다.
오토바이가 바로 앞으로 지나다니기 때문에
매연이 싫다면 실내에 자리를 잡아야 한다.
대한민국에서 먹었던 쌀국수와 비교하면 차
이가 느껴지는 맛이다.

주소_ 185 Đường Trần Phú, Hải Châu 1, Hải Châu, Đà Nẵng
시간_ 6시~23시 30분
요금_ 쌀국수 40,000동
전화_ +84-93-519-56-68

미꽝 1A(Mì quảng 1A)

베트남 중부, 꽝남 지방의 비빔 쌀국수인 미
꽝Mì quảng을 파는 음식점이다. 미꽝Mì quảng
은 돼지 뼈와 소뼈를 우린 육수에 우리나라
의 칼국수 면처럼 넓은 면에 다양한 고기 고
명을 넣어 비벼 먹는 음식이다. 같이 나오는
신선한 야채를 넣어 비비면, 아삭한 식감도
함께 맛 볼 수 있다.
면을 비벼서 바로 먹는 것보다 어느 정도 시
간이 지난 다음에 먹어야, 면에 국물이 스며
들어 제대로 된 맛을 볼 수 있다. 돼지고기
와 새우 토핑, 닭고기 토핑, 모듬 토핑의 3가
지가 있으니 취향에 맞게 주문하면 된다. 기
호에 맞게 레몬과 고추 양념을 넣어 비벼먹
으면 훨씬 다양한 맛을 볼 수 있다. 양이 한
끼 식사로는 적을 수 있으니, 2개는 시켜먹
어야 포만감을 채울 수 있다.

주소_ 1 Hải Phòng, Thạch Thang, Hải Châu, Đà Nẵng
시간_ 6시~21시
요금_ 누들 스페셜 40,000동,
　　　 누들 위드 포크 앤 쉬림프 30,000동
전화_ +84-0236-3827-936

롯데마트

베트남에 있지만, 베트남 사람보다 한국 사람이 더 많다고 알려진 롯데 마트는 친숙한 매장 분위기가 장점이다. 저렴하고 잘 진열된 베트남 상품뿐만 아니라 고추장, 된장, 라면, 김치 등 각종 한국 제품도 있어서, 여행 중에 필요한 물건이나 귀국할 때 선물을 사러, 많이 들리는 곳이다.

층별안내

1층 | 커피숍, 패스트 푸드, 기념품
2층 | 화장품, 액세서리, 의류
3층 | 가정용품, 장난감, 전자제품, 물놀이 용품, 락커
4층 | 신선식품, 즉석요리, 베트남 특산품, 가공식품, 환전소, 락커
5층 | 롯데시네마, 게임장, 식당

확인사항
- 짐 보관 서비스를 무료로 하고 있어서, 비행기 시간이 애매할 때 방문하기 좋다. (최장 3일)
- 호텔보다 환율이 좋고, 친절해서 많이 들린다. (한국어를 잘하는 직원도 상주)
- 다낭은 한낮에는 무척 더워서, 낮 시간에 롯데 마트에서 쇼핑과 식사를 하면 좋다.
- 베트남 돈으로 150,000동 이상 구매하면, 숙소로 배달도 해준다.
- 과일을 고른 뒤 손질을 해달라고 하면 해주므로, 숙소에서 먹기 편하다.

홈페이지_ lottemart.com.vn **주소_** 6 Nại Nam, Hoà Cường Bắc, Hải Châu, Đà Nẵng
시간_ 8시~22시 **전화_** +84-236-3611-999

롯데 마트 Eating

🍴 마마 식당
MaMa-Korea BBQ

롯데마트 1층 안쪽에 자리 잡은 한국 음식 전문 식당이다. 주인이 한국 사람이다. 베트남 음식이 안 맞거나, 쇼핑 중에 배고프면 식사를 하기에 좋은 곳이다. 된장찌개, 순두부찌개, 짜장면, 비빔밥등 식사종류와 라면, 김밥등 간단한 분식 종류도 판매한다.

양념과 재료 대부분을 한국에서 가져온 것으로 요리한다. 마트 쇼핑하는 동안 캐리어나 쇼핑박스를 보관도 해주고, 다낭 여행에 대해 친절하게 안내도 해준다. 놀이방도 있어서 어린이 동반 가족 여행객들이 좋아한다.

위치_ 롯데 마트 1층   **영업시간_** 8시~22시
요금_ 해물 순두부 100,000동, 김밥 40,000동, 김치찌개 100,000동
전화_ 0905-735-008

엄특쎄오
Ấm Thực Xèo

2층으로 올라가면 노란색 외부 인테리어와 빨간색 등의 눈길을 사로잡는다. 실내는 칸막이로 나누어 있어서, 조용하게 식사를 할 수 있다. 현지인들이 추천하는 반쎄오 맛집답게, 깔끔하고, 시원한 실내가 현지 로컬과는 사뭇 다르다.

새우 반쎄오부터 소고기 반쎄오까지 토핑 종류에 따라 다양한 맛의 반쎄오를 맛볼 수 있다. 직원이 친절하게 먹는 방법도 가르쳐 준다.

위치_ 롯데 마트 2층   **영업시간_** 8시~22시   **요금_** 새우 반쎄오 65,000동, 해산물 반쎄오 75,000동
전화_ 0905-735-008

고기 하우스
GoGi House

롯데마트 1층 들어가서 바로 오른쪽에 있는 한국식 바베큐 전문점이다. 내부 시설도 깨끗하고, 테이블 사이에 칸막이도 있어서, 마트 쇼핑 후 식사하기 좋다. 소고기, 돼지고기, 찌개, 떡볶이까지 다양한 한국 음식을 판매하고 있고, 각종 김치를 비롯한 밑반찬도 준다.

한국과는 다르게 고기를 2인분 시켜도 1인분씩 가져다준다. 현지인들에게도 인기가 많은 식당이라 저녁에 가면, 대기 해야 하니, 저녁 식사 때는 피해서 가는 것이 좋다. 1인에 299,000동 하는 무한리필 부페 메뉴도 있다. 아기 의자가 있으니 준비해달라고 하면 된다.

위치_ 롯데 마트 1층   **영업시간_** 8시~22시   **요금_** 소고기 169,000동, 돼지고기 79,000동, 비빔밥 89,000동
전화_ +84-236-3745-600

Ba Na Hills

바나힐

해발 1,500m에 자리한 다낭의 대표 테마파크로 정원, 사원, 호텔, 레스토랑, 놀이공원 등이 모두 있다. 가장 먼저, 세계에서 2번째로 긴 5,200m의 케이블카를 타고 산꼭대기까지 이동한다. 수오이모 역에서 케이블카를 타고 바나 역에 도착해 린웅 사원과 리 자딘 디 아모르 정원, 디베이 와인 저장고 등을 돌아보고 디베이 역에서 다시 케이블카를 타고 모린 역에 도착하면 다낭의 작은 유럽, 프랑스 마을이 눈앞에 펼쳐진다.

프랑스 마을 뒤쪽으로 베트남 사원이 모여 있고, 왼쪽에 놀이공원이 있다. 고풍스러운 건물을 배경으로 사진 찍는 관광객으로 북적이고 가끔, 웨딩 촬영을 하는 신혼부부가 보인다.

주소_ Hoa Ninh, Hoa Vang, Da Nang **시간_** 7시 30분~22시 **전화_** 0236-3791-888

제공 : Sun World Ba

1. 매표소
2. 여행사 매표소
3. 성문
4. 호이안 정원
5. 호이안 역
6. 분수
7. 기념품 숍
8. 수오이모 역
9. 똑띠엔 역
10. 바나 역
11. 디베이 역
12. 다무르 역
13. 르자뎅 역
14. 디베이 와인 창고
15. 디베이
16. 사랑의 정원
17. 랑웅사
18. 마르세이유 역
19. 보르도 역
20. 골든 브리지
21. 루브르 역
22. 클럽 레스토랑
23. 아라팡 레스토랑
24. 노엘 광장
25. 환상의 공원
26. 카브카즈 레스토랑
27. 분수
28. 커피 드로우브리지
29. 모린 역
30. 랜도쉰느 역
31. 레타블레 레스토랑
32. 성 데니스 교회
33. 머큐어 다낭 프렌치 빌리
    지 호텔
34. 그로테 수영장
35. 브라세리에 레스토랑
36. 레 자르딩 레스토랑
37. 레 펜세 레스토랑
38. 플레우리스테 꽃 가게
39. 라 라반데 레스토랑
40. 린쭈어린뜨 사원
41. 렘퐁티엔투 사원
42. 궁전
43. M 갤러리 호텔

바나힐(Ba Na Hills) 즐기는 순서

2009년에 문을 연 케이블카는 당시에 1,368m의 높이로 기네스북에 등재되고 세계 10대 케이블카로 소개되면서 베트남에서 이슈가 되었다. 아직도 케이블카를 타면서 시작되는 바나힐이 어린이나 부모님들이 가장 좋아하는 장소로 다낭의 대표적인 명소이다.
바나힐은 정 반대의 순서로 즐기는 방법이 있다. 시간과 장소에 따라 즐기는 것이기 때문에 보고 싶은 곳이 어디인지 먼저 정하고 순서대로 이동하는 것이 좋다.

1 톡티엔 역 케이블카 탑승 → 랜도산 역 하차 → 분수대 → 프랑스 마을 → 린퐁 탑 오르기 → 판타지 파크 → 알파인 코스터 타기 → 점심 식사 → 모린 역 케이블카 → 디베이 역 산악열차 하차 → 다무르 역 산악열차 탑승 → 르 자댕 역 산악열차 하차 → 사랑의 정원 → 골든 브리지 → 마르세유 역 케이블카 탑승 → 호이안 역 케이블카 내리기

2 호이안 역 케이블카 탑승 → 마르세유 역 케이블카 하차 → 골든 브리지 → 사랑의 정원 → 르 자댕 역 산악열차 탑승 → 다무르 역 산악열차 하차 → 디베이 역 산악열차 탑승 & 하차 → 모린 역 케이블카 → 점심 식사 분수대 → 프랑스 마을 → 린퐁 탑 오르기 → 판타지 파크 → 알파인 코스터 타기 → 랜도산 역 케이블카 탑승 → 톡티엔 역 하차

케이블카 운행 시간
❶ 호이안 – 마르세이유
  월~목 07:00~12:00, 14:00~18:00
  금~일 07:00~18:00
❷ 보르도 – 루브르 07:00~20:00
❸ 수오이모 – 바나
  07:30, 08:30, 09:30, 10:30, 11:30
❹ 디베이 – 모린 06:50~17:30
  이후 5분간 운행 18:00, 18:55, 19:55,
  20:55, 21:30, 22:15
❺ 똑이엔 – 랜도쉰느
  09:00~20:15, 21:00~21:15,
  22:00~22:15
❻ 산악열차(Funicular)
  08:00~17:00

바나힐(Ba Na Hills)의 변화무쌍한 날씨

바나힐Ba Na Hills의 1년 내내 평균 기온은 17~20도로 시원한 편이다. 낮과 밤의 온도차이가 약 5.3도로 작다. 날씨는 다낭 시내보다 더 시원하여 프랑스 통치시절에 휴양지로 개발을 시작하였다. 우기에는 추위, 폭우, 짙은 안개가 자주 나타나기 때문에 날씨에 신경을 써야 한다. 건기에는 쾌적하고 시원하여 많은 관광객이 찾아오는 시기이다. 인근의 바다로 인해 습도가 90 % 이상이 되는 경우에 안개 때문에 케이블카를 타고 가면서 흐릿한 분위기를 경험할 수 있다.

선명한 바나힐을 즐기고 싶다면 건기에 가야한다. 다낭 시내의 더운 여름 날씨부터 케이블카를 타고 이동하면서 시원한 고원지대의 날씨까지 느낄 수 있다. 하루에 4계절 날씨를 볼 수 있는 경우도 있다.

바나힐을 즐기자!

유럽인가?

낭만의 프랑스 마을에 오면 여기가 베트남이 맞을까?라는 이야기를 한다. 여기저기 프랑스 풍의 건물들이 베트남이라는 사실을 잊게 만든다. 이곳에서 많은 관광객들은 자신이 즐기고 싶은 대로 여유롭게 시간을 보내게 된다.

다양한 공연

유럽풍 건물들을 보면 마치 유럽에 여행을 왔다는 생각이 든다. 선월드^{Sunworld}글자가 선명한 조형물 뒤로 정원과 성당, 프랑스 마을 호텔이 있다. 놀이동산에 온 듯, 분위기를 띄우는 다양한 공연이 펼쳐진다.

골든 브릿지(Càu Vàng)

1,414m에 만든 골든 브릿지는 바나힐의 상징이다. 큰 손이 다리를 받치고 이고 하늘위에서 산 밑의 전망을 바라보는 느낌이 아찔하다는 반응부터 아름답다는 이야기까지 다양하다. 다낭을 다시 보게 되는 계기가 되었다고 하니 꼭 다리를 건너보자.

린퐁티엔투 사원(Dan Linh Chua Linh Tu)

바나힐에서 멀리 보이는 절은 수호신을 모신 사원이다. 가장 높은 위치에 있지만 5분 정도 계단을 올라가면 아름다운 바나힐의 전망을 볼 수 있다. 오전이나 해지는 풍경이 가장 아름답다. 안개가 끼면 운무가 감싼 사원의 모습도 장관이다.

린응사
Chúa Linh Ứng

선짜 반도의 열대 숲 깊숙한 곳에 다낭에서 가장 크고 가장 인상적인 사원이 자리해 있다. 린응사 Chùa Linh Ứng에는 관음상이 우뚝 솟아 있고 법당 주변에는 정원이 예쁘게 가꾸어져 있어 휴식을 취하기 좋은 곳이다. 전망대에 오르면 아름다운 해안의 경치가 한눈에 들어온다.

투이손 산의 초목이 울창한 산등성이 사이에 자리한 린응사 Chùa Linh Ứng는 원래 민망 황제가 통치하던 18세기에 지어졌다. 많은 사람들이 이곳을 베트남 최고의 종교 건축물로 꼽는다. 12ha 규모의 경내는 아름다운 대리석 조각, 화려한 법당, 유명한 관음상 등으로 채워져 있다.

삼문 형태의 거대한 정문까지 계단을 따라 올라가면 돌 마당 양쪽에는 조각상들이 나란히 늘어서있다. 전통적인 나한상들은 지역 최고의 장인이 조각한 것이다.

고유한 표정을 지니고 있는 석상을 가까이에서 볼 수 있다.

안뜰 뒤로 자리한 본전과 법당은 밝은 녹색 지붕을 한 전각들 안으로 들어가면 불상과 화려한 탱화를 더 많이 볼 수 있다. 경내를 둘러보다 보면 사원에 기거하는 수도승들을 만나 사원의 다양한 특징을 듣게 될 수 있다.

거대한 관음상을 볼 수 있는 사원의 오른쪽으로 이동하면 연꽃좌대 위에 우뚝 서서 바다를 굽어보고 있는 67m의 관음상은 지역 어부들을 폭풍우로부터 지켜준다고 한다. 아래에서 관음상을 감상한 후,

계단으로 17층짜리 관음상의 내부를 따라 올라가 각 층을 살펴보자. 관음상 내부의 각 층에는 21개의 다양한 불상이 모셔져 있다.

관음상의 측면을 통해 경치를 내다볼 수 있다. 관음상 앞 전망대에서는 장대한 풍경이 한눈에 펼쳐진다. 다낭 비치와 저 멀리 지평선으로 보이는 참 아일랜드에 시선을 내맡겨 보자. 웅장한 대리석산이 늦은 오후에 내리쬐는 햇볕을 가려준다.

주소_ Chúa Linh Úng, Hoàng Sa, Tho Quang, Son
(시내에서 동쪽으로 14km)
시간_ 8~18시

오행산
Ngũ Hành Son

다낭 시내에서 남서쪽으로 약 7㎞ 떨어져 있는 터널과 동굴 등을 지나가면 다낭을 위에서 내려다보는 5개의 바위로 만들어진 불당과 사원이 있다. 오행산은 다낭을 커 보이게도, 작아 보이게도 하는 5개의 암석으로 이루어져 있다. 대리석과 석회암으로 형성된 석산 안에 터널과 동굴, 불교의 성지가 자리해 있다. 각 산은 자연의 요소에 따라 나무, 철, 땅, 불, 물이라고 이름을 붙였다.

500m 높이에는 대리석산 중에서 가장 크고 관광객이 가장 많이 찾는 물인 투이선 Thuy Son이 있다. 석조 계단을 따라 꼭대기까지 올라가 풍경을 볼 수 있다. 요금을 내고 엘리베이터를 이용해도 된다. 대리석산의 동굴과 종교적인 장소를 살펴볼 수 있다.

오행산의 모습
옹촌문을 보면서 베트남 전쟁의 상흔인 총알 자국을 볼 수 있고, 옹촌문 뒤편에는 콘크리트로 만든 불상이 놓인 동굴이 있다. 반 통 동굴로 발걸음을 옮기면 입구 맞은편에 커다란 콘크리트 불상이 놓여 있다. 린남 동굴로 걸어가면 작은 구멍을 통과한 빛이 만들어 내는 놀랄 만한 광경에 감탄을 자아내게 된다. 베트남 전쟁 중

오행산을 즐기는 방법

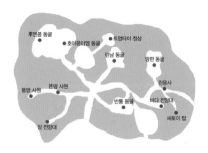

오행산 추천코스

풀(Full)코스
암푸 동굴(약 30~40분) → 엘리베이터 → 린응사 & 땅쩐 동굴(약 30~40분) → 린남 동굴 → 호아응이엠 동굴 → 후옌콩 동굴((약 30~40분) → 뜬땀 사원 → 뚜땀 사원 → 전망대(약 30~40분)

하이라이트(Highlight) 코스
엘리베이터 → 린응사 & 땅쩐 동굴(약 30~40분) → 후옌콩 동굴((약 30~40분) → 전망대(약 30~40분)

에 미군이 동굴을 군 병원으로 사용했다. 나머지 4곳의 석산에는 킴 손Kim Son, 철산의 관암 사원처럼 동굴과 성소, 사원이 있다. 사원 뒤에는 멋진 모양을 이룬 종유석과 석순 동굴이 있다.

봉우리의 의미
대리석으로 이루어진 베트남 성지다. 다섯 개의 봉우리로 구성되어 있는데, 각각 나무Moc Son, 금속Kim Son, 흙Tho Son, 불Hoa Son, 물Thuy Son을 나타낸다. 처음에는 힌두교 성지였지만 지금은 불교의 성지 역할을 하고 있다.

전망대
석회암 용식작용으로 인해 봉우리마다 수많은 천연 동굴을 품고 있는데, 가장 큰 봉우리의 경우 하늘로 난 구멍을 통해 동굴 안으로 빛이 들어와 신비로운 분위기를 자아낸다. 투이선Thuy Son은 다낭 시내까지 둘러보기에 좋은 전망대다. 주변 대리석 공방에서 대리석 제품을 만드는 과정을 볼 수 있다.

주소_ 52 Huyen Tran Cong Chua, Hoa Hai
시간_ 7~17시 30분
요금_ 오행산 입장료 40,000동
　　　 암푸 동굴 입장료 20,000동
　　　 엘리베이터 편도 15,000동

하이반 패스
Hai Van Pass

다낭에서 후에 투어를 신청하면 가장 먼저 찾는 496m의 산 정상이 하이반 패스이다. 다낭을 벗어나 약 30㎞정도 북쪽으로 이동하면 산 정상에 이르고 차들이 서 있고 상점들이 보일 것이다.

약 20㎞에 이르는 고개 길로 해안을 둘러싼 바다까지 볼 수 있어 풍경은 아름답다. 지금은 아름답지만 베트남 전쟁 때는 아찔한 하이반 패스를 두고 치열한 전투가 벌어져 지금도 요새로 둘러싸여 있는 것을 확인할 수 있다.

현지인들은 통행료를 내고 하이반 터널을 지나 후에로 직행하는 사람들이 많아지기도 했다. 기차를 타고 창밖으로 보는 하이반 패스도 감상할 수 있다.

주소_ Deo Hai Van, TT. Lang Co, Lien Chieu

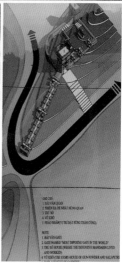

Hoi An

호이안

호이안

오랜 전통을 살리는 노란 색 골목에 개성이 가득한 골목골목마다 착하고 순한 호이안 사람들과 관광객이 어울린다. 베트남의 다른 도시에서는 못 보는 호이안Hoi An의 장면들은 베트남다운 도시로 손꼽힌다.

호이안Hoi An은 17~19세기에 걸쳐 동남아시아에서 가장 중요한 항구 중 하나였던 곳이다. 오늘날 호이안의 일부분은 100년 전이나 지금이나 같은 모습을 보여주고 있다. 호이안Hoi An은 베트남 중부에서 중국인들이 처음으로 정착한 도시이기도 하다.

호이안 IN

대한민국의 관광객은 다낭을 여행하면서 하루 정도 다녀오는 여행지로 인식하고 있다. 다낭Danang에서 버스로는 1시간 10분, 자동차로 40~50분 정도 소요된다. 그래서 호이안Hoian으로 택시나 그랩Grab을 이용하는 경우가 많다. 하지만 장기여행자는 다낭Danang과 호이안Hoian을 오가는 1번 버스(편도 20,000동)를 이용하는 경우가 많다.

리조트 / 호텔 셔틀버스
최근에 다낭에서 호이안까지 이어진 해안을 따라 새로운 리조트와 호텔이 계속 들어서고 있다. 다낭 가까이 있는 해안에는 벌써 다 대형 리조트가 들어서서 호이안에 가까운 해안으로 리조트가 들어서고 있다.
최근 개장한 빈펄 랜드도 호이안에 있다. 다낭까지 30분 이상이 소요되는 거리 때문에 리조트나 호텔에서는 픽업차량을 운영하고 있다. 다만 유료로 운영하므로 장점이 없지만 택시를 타고 난 후, 낼 수 있는 바가지요금이 없는 것이 장점이다.

택시 / 그랩(Grab)
다낭에서 시내를 이동하는 데, 가까운 거

리는 대부분 택시를 이용하는 데 차량 공유 서비스인 그랩Grab과 가격차이가 크지 않다. 하지만 택시를 타고 다낭에서 20km 이상 떨어진 먼 거리인 호이안을 이동하기 위해서는 택시는 400,000~500,000동 정도의 요금을 요구하므로 그랩Grab을 타고 330,000~370,000동을 이용하는 경우가 대부분이다.
호이안 올드 타운은 차량이 이동할 수 없으므로 올드 타운에서 가장 가까운 입구인 호이안 하이랜드 커피점에서 내려달라고 하면 편리하게 이용이 가능하다.

요금

미리 요금을 준비하는 것이 편리하다. 1번 버스는 편도 20,000동인데 30,000동, 50,000동을 요구하는 경우가 많다. 50,000동을 요구하면 30,000동이라고 이야기하고 계속 50,000동을 요구해도 30,000동만 주고 앉아 있어도 된다.

슬리핑 버스

버스

현지에서 살고 있는 호이안, 다낭 사람들 중에 이동하려면 대부분 개인이 소유한 오토바이를 이용해 오가고 있다. 장사를 하는 현지인들이 주로 탑승하거나 해외 장기 여행자들이 자주 이용하고 있다.

다낭과 호이안 버스터미널을 오가는 노란색 1번 버스를 탑승하면 저렴하게 이용할 수 있다. 다만 에어컨이 나오지 않아서 더운 낮에는 상당히 덥다는 것을 알고 있어야 한다.

남부의 나트랑Nha Trang(12 시간)이나 후에(4시간)를 가기 위해 슬리핑 버스를 이용한다. 후에는 다낭에서 한번 정차하고 이동하며, 나트랑은 3시간 정도마다 1번씩 정차해 화장실을 이용할 수 있다.

호이안에서 남부의 호치민까지 이동하려는 여행자도 가끔 있는데, 반드시 호치안에서 저녁에 출발해 나트랑에 아침에 도착해 쉰다. 다시 저녁에 나트랑에서 출발해 다음날 아침에 호치민에 도착하므로 한 번에 이동이 불가능하다.

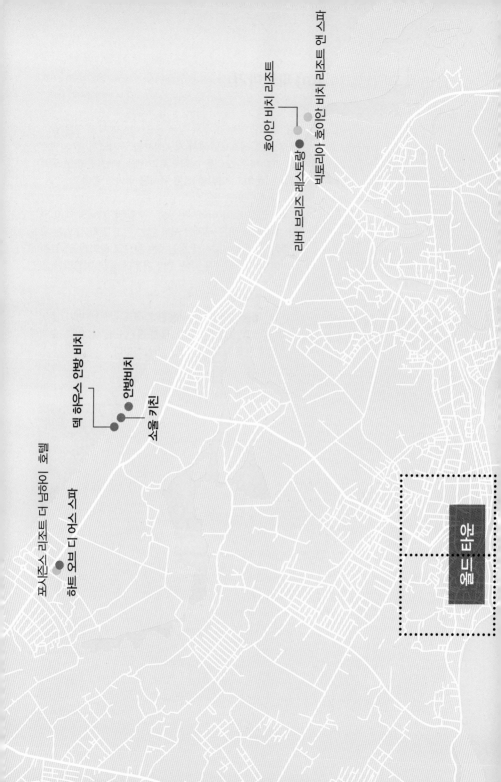

빅토리아 호이안 비치 리조트 앤 스파

호이안 비치 리조트

리버 브리즈 레스토랑

넥 하우스 안방 비치

안방비치

소울 키친

포시즌스 리조트 더 남하이 호텔

하트 오브 디 어스 스파

올드 타운

한눈에 호이안(Hoi An) 파악하기

유네스코 세계 문화유산으로 등재된 호이안Hoi An의 유서 깊은 올드 타운에서 쇼핑을 즐기고 문화 유적지를 둘러보며 강변에 자리한 레스토랑에서 저녁식사를 즐기면서 옛 시절로 떠나는 경험을 할 수 있다. 호이안Hoi An의 아주 오래된 심장부로 여행을 떠난다. 좁은 도로를 거닐다가 사원과 유서 깊은 주택을 방문하고, 다양한 전통 음식을 맛봐도 좋다.

호이안Hoi An 도심에서 사람들의 발길이 가장 많이 이어지는 곳은 규모 약 30ha의 대지 위에 조성된 유서 깊은 올드 타운이다. 16세기에 처음 세워진 지붕 덮인 목조 건축물, 일본 교를 건너보는 관광객을 볼 수 있다. 내원교 안에는 날씨를 관장하는 것으로 알려진 신, 트란 보 박 데Tran Vo Bac De를 위한 작은 사원이 있다. 150년이 넘은 꽌탕 가옥에 들러 아름답게 조각된 목재 가구와 장식을 구경할 수 있다.

중국 이민자를 위해 세워진 올드 타운의 화랑 다섯 곳에 사용된 건축도 감상해 보자. 호이안 민속 박물관에 가면 현지의 관습과 일상적인 삶의 모습이 담긴 물건도 볼 수 있다. 도자기 무역 박물관에서 8~18세기까지 만들어진 도자기 공예품도 인상적이다.

도심 지역은 쇼핑하기에 아주 좋은 장소이다. 가죽 제품과 의류, 전통 등외에 기타 수공예 기념품을 파는 상점이 즐비하다. 관광객에게는 값을 비싸게 받기 때문에 가격을 흥정하는 것이 좋다. 재단사가 많은 호이안Hoi An에서 나만을 위한 맞춤 양복도 주문할 수 있다.

강변에서는 바Bar와 레스토랑, 카페에 발걸음을 멈춰 빵과 스프, 면 요리를 맛보고 커피 한 잔에 여유를 느낄 수 있다. 해가 지면 편안한 분위기와 고급스러운 분위기의 레스토랑, 나이트클럽이 한데 어우러진 호이안Hoi An에서 밤 문화도 즐겨 보자.

호이안Hoi An의 올드 타운은 쾌속정, 페리를 타고 참 아일랜드의 해변과 숲, 어촌 마을을 둘러볼 수 있다. 보행자가 좀 더 편히 다닐 수 있도록 낮 시간에는 자동차와 오토바이의 주행이 금지되어 있다.

호이안을 대표하는 볼거리 Best 5

올드 타운

호이안Hoi An의 과거가 훌륭하게 보존된 올드 타운은 목조 정자에서부터 유명 재단사까지, 서로 다른 시대와 문화가 어우러진 곳이다. 오늘날에도 구식 항구로서의 기능을 가지고 있으며, 관광과 어업이 지역의 주요 수입원이다. 호이안Hoi An의 올드 타운은 1999년 세계문화유산으로 지정되었다.

옛 도시의 매력은 한두 가지가 아니다. 올드 타운의 상당 부분이 나무를 이용하여 건설되었다. 일본 다리와 목조 정자와 같은 명소들은 건축의 경지를 넘어 예술이라고까지 부를 수 있다. 과거에는 도자기 산업이 융성하였다. 호이안 고도시의 박물관에서 찬란했던 도자기 역사를 볼 수 있다. 싸 후인 문화 박물관에는 400점이 넘는 도자기가 전시되어 있다.

호이안Hoi An은 다른 항구 도시와 마찬가지로 예부터 다문화적 공동체를 이루어 왔으며, 건물들은 이러한 특성을 반영하고 있다. 호이안 고도시를 거닐며 중국식 사원과 바로 옆의 식민지풍 주택을 감상할 수 있다.

이른 아침 투본 강변으로 나가 어물선상들이 고깔 모양 모자를 쓰고 흥정하는 모습을 볼 수 있다. 인근의 호이안Hoi An 중앙 시장도 흥미롭다. 호이안Hoi An은 재단사들과 비단 가게로도 유명하다. 맞춤옷을 주문하면 도시를 떠나기 전에 완성된 옷을 받을 수 있다. 시장의 상인들은 만만하지 않아서 물건 가격을 깎는 것은 쉽지 않다.

> **올드 타운이 보존된 이유**
>
> 주요 항구로서 호이안Hoi An은 18세기 말에 기능을 잃어버린 후, 인근의 다낭과 같은 현대화를 겪지 않게 되었다. 수많은 전쟁을 거친 베트남의 역사에도 불구하고 심하게 훼손되지 않아 베트남의 과거 모습을 엿볼 수 있게 되었다.

호이안의 밤(Nights of Hoi An) 축제

호이안의 낭만은 해가 저물면 시작된다. 구시가지 곳곳에 크고 작은 연등이 하나둘 켜지면 옛 도시 호이안Hoian은 감춘 속살을 비로소 드러낸다. 투본Thu Bon 강 언저리와 다리에는 소원을 빌며 연등을 띄우는 여행자가 보이기 시작한다. 올드 타운을 수놓은 오색찬란한 연등의 향연은 베트남을 대표하는 장면이다.

매달 보름달이 뜨는 날이면 호이안Hoi An 올드 타운은 차 없는 거리로 변신하고, 전통 음악과 춤이 공연되며, 음식을 파는 노점상과 등불이 거리를 메운다. 연등 행사가 가장 활발한데 매월 14일 밤에 열리는 '호이안의 밤Nights of Hoi An' 축제는 하이라이트로 자리 잡았다.

송 호아이 광장(Söng Hoai Square)

도심 한가운데 자리 잡은 매력적인 광장에서 시장 가판대에 놓인 핸드메이드 공예품을 구입하고 아름다운 내원교도 건너가 보자. 베트남 중부 해안에 있는 호이안Hoi An은 베트남에서 가장 매력적인 도시로 꼽힌다. 매력적인 중앙 광장인, 송 호아이 광장이 자리해 있다. 차량 통행량이 거의 없어서 도시 광장의 인기가 많은데도 한적한 분위기가 흐른다. 즐거움으로 가득한 송 호아이 광장Söng Hoai Square에서 시간을 보내며 평온하고 한적한 분위기에 빠져들게 된다.

송 호아이 광장Söng Hoai Square에 도착하면 강변으로 발걸음을 옮겨 내원교를 구경하자. 작지만 화려하고 지붕까지 있는 다리는 의심의 여지없이 광장을 상징하는 최고의 볼거리이다. 16세기에 건축된 다리는 지진도 견뎌낼 만큼 구조가 튼튼해서 이후 사소한 복원 작업만 몇 차례 거쳤다.

다리 근처에 다다르면 입구를 지키고 있는 원숭이와 강아지 조각상을 볼 수 있다. 다리를 건너는 동안 고개를 들어 천장에 새겨진 정교한 무늬를 감상할 수 있다. 일본과 베트남, 중국의 문화가 두루 담겨 있다.

다리를 둘러본 뒤에는 송 호아이 광장의 상점과 가판대를 구경해 보자. 신선한 생선과 야채를 구입하고, 수제화, 목재 장신구의 가격도 흥정해 본다. 호이안Hoi An은 세계 최고 수준의 실크를 생산하는 곳이다. 실크를 따로 구입한 다음 현지의 솜씨 좋은 재단사에게 가져가 맞춤옷을 제작하는 사람들도 많다. 광장의 음식 가판대나 카페에 들러 점심 식사를 즐긴 후 강가에 앉아 다리 아래로 지나가는 긴 운하용 보트가 자아내는 매력적인 풍경도 볼 수 있다.

내원교(Japanese Covered Bridge)

호이안에서 가장 사랑 받는 포토 스팟으로 일몰 후에 종이 등불에 불이 들어와 장관을 이룬다. 윗부분에 정자가 세워진 내원교는 1600년대 초반 일본인들이 건설하였다. 일본인들과 운하 동쪽에 살던 중국 상인들의 용이한 교류를 위해 만들었다. 그래서 일본교가 다리라는 실용성을 넘어 평화와 우애의 상징으로 작용하게 된 계기이다. 수많은 관광객들이 즐겨 찾는 곳이 되었고 사진을 찍기에도 좋은 장소이다.

내원교는 응우옌티민카이 거리와 트란푸 거리를 잇는 좁은 운하를 가로지르고 있다. 처음 건설된 후 수차례 재건되었음에도 독특한 풍취와 강렬한 일본 양식은 여전히 간직하고 있다. 재건에 관여한 사람들의 이름은 다리 위 표지에 표시되어 있다. 그러나 최초의 건축가는 아직까지 알려지지 않고 있다.

다리 입구에 있는 목재 현판은 1700년대에 만들어졌고, 이 현판이 '내원교'라는 이름을 '먼 곳에서 온 여행객을 위한 다리'로 바꾸게 되었다. 정자 안에는 날씨를 관장한다는 트란보박데 신을 모시는 성소가 있다.

주소_ Tran Phu, Hoi An **위치_** 호이안 구시가지 동남쪽 쩐푸 거리에 위치

> **다리의 입구와 출구에 있는 동물 조각**
> 한 쪽 끝에는 개가 있고 다른 끝에는 원숭이가 있다. 개의 해에 건설이 시작되어 원숭이의 해에 마무리 되었기 때문이라는 설이다.

호이안 시장(Hoi An Market)

소란스럽지만 활기 넘치고 다채로운 강변 시장에 가면 신선한 현지 농산물을 구입하며 전통적인 길거리 음식을 맛보고 흥정하는 기술도 알게 된다. 허브와 향신료, 살아 있는 가금류와 신선한 농산물을 판매하는 노점상으로 즐비한 강변 시장인 호이안 시장에서 다양한 음식을 즐길 수 있다. 푸드 코트에서 현지의 다양한 요리와 베트남인들이 좋아하는 음식을 맛보고, 기념품과 옷도 구입할 수 있다.

현지인과 관광객이 모두 쇼핑에 나서는 장소라서 온종일 붐빈다. 생선을 구입하려면 어부가 잡은 물고기를 내리는 아침에 맨 먼저 도착하는 것이 좋다. 생선을 좋아하지 않더라도 시장 상인들과 현지 구매자가 가격을 놓고 흥정을 벌이는 생기 있고 시끌벅적한 광경을 지켜보는 재미가 있다.

신선한 과일, 채소, 허브와 고춧가루, 사프란 같은 향신료를 판매하는 다른 곳도 둘러보자. 발걸음을 멈춰 살아 있는 오리와 닭을 판매하는 노점도 구경할 수 있다. 규모가 큰 푸드 코트에 들러 베트남 쌀국수를 비롯한 전통 베트남 음식도 맛보자. 쌀국수 요리인 '까오라오' 같은 현지 특식이 노점마다 각 가정의 독특한 레시피에 따라 몇 가지 요리만 선보인다. 모든 상인이 함께 일하기 때문에 여러 노점에서 음식을 주문하면 노점에서 식사하는 자리로 음식을 가져다 준다.

야시장

식사를 끝내고 야시장을 계속해서 구경해 보자. 기념품 매장과 재단사가 맞춤옷을 판매하는 상점도 찾을 수 있다. 센트럴 마켓에는 맞춤옷 가게가 몇 군데 있는데, 주로 양복과 드레스, 재킷을 만든다. 다른 곳보다 가격이 저렴하지만 보통 처음 제시한 가격은 부풀려져 있기 마련이므로 흥정을 해서 더 깎아야 한다.

호이안 시장은 호이안의 주요 도로인 트란 푸 스트리트와 박당 스트리트 사이에 있다. 깜남 섬에서 강을 바로 가로지르는 곳에 있으며, 매일 이른 아침부터 저녁때까지 열린다.

호이안 전망 즐기기

호이안을 대표하는 비치 BEST 2

호이안^{Hoi An}에는 2개의 중요한 해변인 안방 비치^{An Bang Beach}와 꾸어 다이 비치^{Cua Dai Beach}가 있다. 안방 비치는 예부터 유명한 비치였지만 꾸어 다이 비치^{Cua Dai Beach}는 최근에 해변을 선호하는 관광객에게 더 인기있는 비치로 유명해지기 시작했지만 아름다운 해변이 침식으로 인해 상당수가 침식되면서 인기는 식었다. 그래도 여전히 해변의 유명한 레스토랑을 비롯한 명소가 있다.

안방 비치(An Bang Beach)

2014년, 꾸어 다이 비치^{Cua Dai Beach}를 강타한 해변의 대규모 침식이 발생한 후 관광객을 유치하기 위한 호이안^{Hoi An}의 비치는 안방 비치^{An Bang Beach}를 중심으로 이동했다. 그 이후 CNN에 의해 세계 100대 해변으로 선정되면서 유명세를 더했다. 북쪽과 남쪽에는 모두 바와 레스토랑이 줄 지어 있고, 영어를 구사하는 외국인과 유럽의 관광객을 위해 해변을 잘 정비해 두었다. 안방 비치^{An Bang}에는 꾸어 다이 비치^{Cua Dai Beach}보다 다양한 요리와 분위기 있는 레스토랑이 많고 거주하는 상당한 유럽 거주자들은 커뮤니티를 통해 서로 연락하고 지낸다.

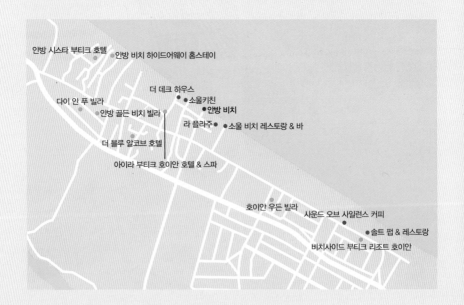

신선한 해산물과 베트남스타일의 바비큐(BBQ)에서 정통 이탈리아와 프랑스 요리에 이르는 저렴한 식사를 즐길 수 있다. 소울 치킨Soul Kitchen, 라 플라쥬La Plage, 화이트 소울White Soul과 같은 레스토랑은 활기찬 파티를 즐기면서 매주 테마의 밤, 이른 시간의 해피 아워 프로모션으로 칵테일과 시원한 맥주를 늦게까지 마시면서 하루를 보낼 수 있다.

호이안 고대 마을에서 북쪽으로 7㎞ 떨어진 곳에 자전거나 오토바이를 이용하여 안방 비치An Bang Beach에 쉽게 갈 수 있다.

꾸어다이 해변(Cua Dai Beach)

호이안^{Hoi An}의 해변에서 도시로부터 탈출하여 여행을 떠나자. 호이안^{Hoi An}의 더위와 북적이는 올드 타운에서 벗어나 꾸어다이 해변에서 맑은 공기를 맛볼 수 있다. 꾸어다이 해변은 호이안^{Hoi An}에서 북동쪽으로 약 4km정도 떨어져 있다. 이곳에는 아름다운 백사장이 한없이 펼쳐져 있다. 리조트가 인근에 있지만, 꾸어다이 해변은 특히 주중에 조용하고 평화롭다. 리조트 고객들을 위한 해수욕 구역이 따로 지정되어 있지만, 해변이 워낙 넓으므로 걱정하지 않아도 된다. 갑판 의자와 일광욕용 의자도 대여할 수 있다. 해변에 즐비한 야자나무는 정오의 해를 가려준다.

꾸어다이 해변의 바닷물은 깨끗하고 비교적 시원하다. 4~10월 사이에는 해수욕을 즐기기에 좋다. 11월부터는 파도가 높아 조금 위험할 수도 있다. 해수욕을 즐기다 붉은 깃발로 표시된 지점이 나오면 역류가 있는 곳이므로 조심해야 한다.
출발하기 전 호이안^{Hoi An}에서 먹을거리를 사 가거나, 해변에서 직접 구입할 수 있다. 해변 위의 매점에서 음료와 해산물을 포장 판매한다. 바닷가에 해산물 요리를 파는 식당들이 즐비하다.

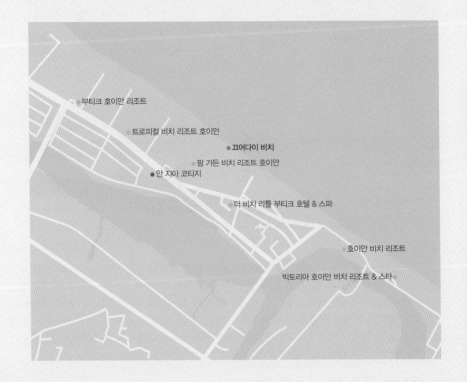

호이안 종합 티켓으로 방문할 수 있는 회관 & 고가

총 5곳에 입장할 수 있는 호이안Hoi An 티켓은 구시가 곳곳에 있는 티켓 판매소에서 구입할 수 있다. 풍흥 고가와 복건 회관, 내원교 내에 자리한 작은 절 등 호이안 구시가에 있는 주요 건물에 들어갈 수 있는 입장권 세트이다.

내원교
Japanese Covered Bridge

호이안Hoi An에서 17세기에 건축된 가장 유명한 다리로 호이안Hoi An의 명소이다. 옛 건물로 유명한 호이안Hoi An에서 내원교는 단연 호이안의 마스코트처럼 눈에 띈다. 오래전 일본인 거리와 중국인 거리를 연결했던 다리로, 목조 지붕이 인상적이다.

다리의 서쪽 끝에는 개의 동상이, 동쪽 끝에는 원숭이 동상이 자리한다. 개와 원숭이 해에 호이안의 주요 인사가 많이 태어났기 때문에 동상이 만들어졌다고 전해진다. 오래전부터 일본인과 중국인이 거주하면서 무역을 했던 곳임을 알리고 있다. 다리 중간에는 항해의 안전을 기원했던 작은 절이 자리한다. 제단 위로 솔솔 피어오르는 향냄새를 맡으면 17세기의 호이안Hoi An으로 시간 여행을 온 듯하다. 보통 호이안 올드타운 여행을 이곳에서 시작한다.

주소_ Tran Phu, Hoi An
위치_ 호이안 구시가지 동남쪽 쩐푸 거리에 위치

풍흥 고가
Old House of Phung Hung
Nha co Phung Hung

내원교 바로 앞에 자리한 목조 건물로 호이안에서 가장 오래된 집이다. 약 2세기 전에 지어진 집으로 베트남과 중국, 일본의 건축양식이 적절하게 섞인 형태를 보여준다. 현재도 그 후손이 살고 있다.

오래된 목조건물이기 때문에 2층에 오르면 발을 디딜 때마다 삐걱거리지만, 많은 여행자가 왔다가도 끄떡없을 만큼 튼튼하게 지어졌다. 내부에는 베트남 토산품 가게도 자리하고 있어 간단한 기념품 구매도 할 수 있다.

주소_ 4 Nguyen, Thi Minh Khai, Hoi An
　　　(내원교에서 도보 1분)
시간_ 8~11시 30분, 13시 30분~17시
전화_ 0235-3862-235

응우옌 뜨엉 사당
Nguyen Tuong Family Chapel
Nha tho toc Nguyen Tuong

내원교 왼쪽에 풍흥 고가와 같이 있는 사당으로 베트남과 중국풍의 사당에 일본 양식까지 섞여 있다. 왕실의 대장인 응우옌 뜨엉 반의 초상화가 걸려 있고 그를 기리고 있다. 풍흥 고가의 유명세에 비해 조용한 사당이자 작은 규모에 실망을 할 수도 있다. 1930~40년대 책들이 책장에 장식된 것을 보면 다양한 분위기에 좋아할 수도 있다.

주소_ 8 Nguyen, Thi Minh Khai, Hoi An
(내원교에서 도보 1분)
시간_ 8~17시
전화_ 093-5230-939

싸 후인 문화 박물관
The Sa Huyen Culture Museum

식민지 시대에 지어진 예쁜 건물에 자리한 박물관은 2,000년 전 베트남 최초 정착민들의 문화가 살아 숨 쉬고 있다. 싸 후인 문화 박물관에는 베트남의 가장 불가사의한 문화 중 하나인 선사 시대의 무기와 형형색색의 그림이 그려진 도기가 전시되어 있다. 고대 매장용 항아리 유적을 보고 청동기와 철기 시대 마을을 알 수 있다.

싸 후인 민족은 기원전 1,000년~기원후 2세기 사이에 베트남에 살았던 민족으로 첫 정착민이었던 것으로 여겨진다. 박물관은 자신들의 고대 문화의 기원을 밝히기 위한 베트남 사람들의 노력이 느껴진다. 싸 후인 민족의 문화, 종교 의례, 일상생활, 주변 문화와의 교역 관계를 알 수 있게 해주는 200개 이상의 전시품을 관람할 수 있다.

가장 먼저 볼 수 있는 전시품은 거칠게 절단된 도구들이다. 금속 도끼, 창, 꼬챙이 등은 사냥뿐만 아니라 전투 무기로도 사용되었다. 형형색색의 다양한 도기들을 보고 커다란 접시들과 주전자 옆에 음식 준비에 사용된 조리 기구와 그릇이 전시되어 있다.

손으로 세공한 유물들은 수천 년 동안 원래의 모습을 그대로 간직하고 있다. 도기들을 자세히 보면 종교적인 상징이나 식물과 동물을 표현한 정교한 조각이 새겨져 있는 것을 확인할 수 있다.

박물관에서 가장 인기 있는 전시품
완벽하게 보존된 200여 개의 매장용 항아리이다. 작은 도기 유물들은 초창기의 글씨와 문양으로 장식되어 있다. 항아리 대부분이 서로 얼마 떨어져 있지 않은 4개의 선사 시대 마을에서 발굴되었다.

주소_ 149 Nguyen, Thi Minh Khai, Hoi An
　　　(내원교에서 도보 1분)
시간_ 8~17시
전화_ 0235-3861-535

광동 회관
Assembly Hall of the Chinese Congression
Hoi Quán Quáng Dóng

호이안Hoi An에서 중국 이민자를 위한 중심지 역할을 했던 광동 중국 신자 사원의 내부를 둘러보고, 동양의 예술과 건축술을 감상하며 베트남의 역사도 알 수 있다. 고대 사원에서 베트남에 거주하는 중국 이민자의 역사를 알 수 있다.

호이안Hoi An은 15~19세기까지 무역의 중심지였던 곳으로, 중국 이민자들이 남부 베트남에 처음으로 정착한 장소이다. 중국 이민자들은 호이안에 사원을 짓고 서로 어울리며 사업을 했다. 각 사원은 서로 다른 민족을 위해 세워졌는데 현재까지 5곳이 남아 있다. 광동 중국 신자 사원은 18세기 후반 중국 광동 지역에서 온 이민자들이 세웠다. 건물의 각 부분은 중국에서 따로 만든 다음 호이안으로 가져와 조립했다.

입구가 3곳에 있는 석조 문을 지나 사원에 들어서면 건축미에 절로 탄성이 절로 나온다. 잠시 멈춰 문의 기와지붕을 장식하고 있는 용과 사자의 형상을 올려다보고 기둥에 새겨진 조각을 살펴볼 수 있다. 매력적인 주 정원을 통과해 호화로운 분수대까지 걸어가 웅장한 분수 한가운데에서 솟구쳐 오르는 용의 몸에 잉어가 뒤엉켜 있는 조각상을 볼 수 있다.

주 건물 안에는 아시아 삼국 시대에 존경받던 장군, 콴콩에게 헌납된 제단이 있다. 콴콩 장군은 충성심과 진실성, 정의의 상징으로 추앙받은 인물이다. 조각상과 테라코타 의자, 종교 의식을 진행할 때 향을 피우는 용도로 쓰이는 대형 청동 향로 등 광동 출신의 사원 제작자들이 남긴 다른 유물도 볼 수 있다.

주소_ 176 Tran Phu, Phường Minh An, Hội An
(내원교에서 도보 2~3분)
시간_ 8~18시
전화_ 0235-3861-736

득안 고가
Duc An House / Nhà co Duc An

득안 고가^{Duc An House}는 길고 좁은 평면도의 전형적인 호이안 형태의 옛 주택으로 앞쪽에 가게가 있고 중앙에 안뜰이, 뒤쪽에 작업 공간이, 위층에 거실이 있다. 17세기에 이미 지어졌지만 오늘날 우리가 보는 것은 1850년경에 지어졌다.

1908년이 집은 한약을 파는 상점으로 개조되었다. 1925년부터 독립파와 같은 유명 인사들이 자주 방문하면서 프랑스에 저항하는 지식인들이 서적이나 문학을 통해 서로의 생각을 공유했던 장소가 되었다. 20세기 초 지식인들의 모임 장소라는 사실은 반프랑스 독립파들의 사진을 보면 이해할 수 있다.

주소_ 129 Tran Phu, Phường Minh An, Hội An
(내원교에서 도보 2~3분)
시간_ 8~21시
전화_ 0235-3862-098

떤끼 고가
Tan Ky Old House / Nha Co Tan Ky

200년 전에 베트남의 한 가족이 지은이 고가 주택은 7대에 걸쳐 보존되어 왔다. 건축에서 일본과 중국의 영향을 받았다. 일본식 요소에는 천장으로 조금씩 짧아진 3개의 빔으로 지지된다. 게 껍질 천장 아래에는 실크 리본으로 감싼 십자로 된 힘을 나타내는 조각이 있다. 실크는 유연성을 나타내는 데, 내부는 점점 밝아지는 디자인으로 실크의 유연성을 나타내고 있다. 상감 진주로 쓴 중국의 시가 지붕을 지탱하는 기둥에 매달려 있다. 150년 된 패널의 한자는 다양한 위치에서 우아하게 묘사된 새들로 구성되어 있다.

안뜰 주변의 조각된 목재 발코니 지지대는 포도 잎으로 장식되어 있으며, 이는 유럽산 수입품이며 호이안의 독특하게 섞인 문화를 나타낸다.

집 뒤쪽은 강을 보고 있는데, 과거에는 물품을 창고로 옮기는 데 사용되었고 오늘날에는 홍수로부터 보호하기 위해 가구를 올리는 데 사용되었다. 지붕의 외관은 타일로, 내부 천장은 나무로 이루어져 있다. 이러한 형태는 집을 여름에는 시원하고 겨울에는 따뜻하게 유지하기 위해 설계되었다.

주소_ 101 Nguyễn Thái Học, Phường Minh An,
　　　Hội An
시간_ 8~12시, 13시 30분~17시 30분
전화_ 0235-3861-474

중화 회관
Trung Hoa Assembly Hall
Hoi Quan Nhu Bang

중국인들이 호이안에 가장 처음으로 만든 회관이다. 1741년 상거래를 위한 모임 장소로 이용되다가 10가지 원칙을 내세워 공유하면서 중국인들의 무역을 확장시키는 역할을 하였다. 20세기 초에 화교를 만들어 중국어 교육을 하는 기초를 세운 회관이다. 바다의 여신인 티엔 허우를 모시면서 상인들이 바다에서 무사하게 돌아오기를 기원했다. 붉은 색이 아니고 푸른색이 주색으로 칠해져 날씨가 흐리면 우울한 느낌을 준다.

주소_ 64 Trần Phu, Phường Minh An, Hội An
시간_ 8~17시 30분
전화_ 0235-3861-935

민속 박물관
Museum of Folklore

호이안의 전통 문화를 볼 수 있는 민속 박물관은 올드 타운에서 바라보면 노란색으로 된 2층 건물이고 투본 강에서 보면 검갈색의 목조 건물이 특징이다.

베트남 중부의 토속 문화를 알 수 있는 500여점의 전시물이 농업, 어업에 대해 전시되어 있다. 항아리, 바구니, 물레 등의 물품을 보면 손재주가 좋은 호이안 사람들의 생활을 알 수 있는데 대한민국의 물품들과 비슷한 면이 많아 놀라게 된다.

주소_ 33 Nguyễn Thái Học, Phường Minh An, Hội An
시간_ 7~21시
전화_ 0235-3910-948

푸젠 회관
Chu Phuc Kien

장엄한 푸젠 회관은 호이안에 남아 있는 5곳의 사원 중 가장 크고 웅장한 곳이다. 원래 푸젠 출신 이민자들의 사교와 무역 활동을 벌이기 위해 지었는데, 이후 바다의 여신 티엔 하우Thien Hau를 위한 사원으로 바뀌었다. 티엔 하우 여신의 탄생 기념 축제를 비롯해 1년 내내 벌어지는 축제도 문화적인 볼거리이다.

화려하게 장식된 3중 석조 문을 지나 사원으로 들어가면 문은 조각상과 관상용 식물, 용이 새겨진 분수가 놓인 정원으로 이어진다. 사원을 거닐면서 동물을 주제로 한 벽화와 조각, 다른 예술품을 둘러보면 각각의 동물은 서로 다른 의미를 지니고 있다는 것을 알 수 있다. 용은 힘을 상징하고, 거북이는 장수를 상징한다.

푸젠의 신화와 역사 속 에피소드를 표현한 그림과 벽화는 색상을 풍부하게 사용하고 문양과 조각으로 장식한 건축물도 볼 수 있다. 본당은 사원에서 가장 큰 방이다. 안으로 들어가 명상에 잠긴 채 앉아 있는 티엔 하우의 조각상에 가까이 다가가 보면 여신의 왼쪽과 오른쪽에 있는 그림은 수천킬미터로 밖에서 들리는 소리와 수천킬로미터 밖에서 보이는 모습을 그린 것이다. 비옥함의 여신이자 음식과 미소처럼 갓난아이를 기르는 솜씨를 내려주는

일본 상인에서 중국 상인으로 바뀐 역사적 이유

에도 막부가 수교 거부 정책을 펼칠 무렵 호이안에 살던 일본 상인들도 하나둘씩 떠났다. 일본의 무역상들이 떠나면서 자연스레 호이안의 일본 마을은 쇠퇴기를 맞았고, 중국인이 새로 들어오면서 호이안에는 중국인이 넘쳐나게 됐다. 복건 회관은 중국 푸젠 성 출신 사람들이 이용하는 마을회관으로 중국 양식의 건축물이 유명하다.

12명의 산파를 표현한 조각상을 볼 수 있다. 아이가 없는 많은 부부가 출산을 기원하며 신선한 과일을 바치고 간다.

17세기 후반 사원을 건축한 푸젠의 여섯 가문의 수장을 나타내는 조각상도 있다. 이들은 중국의 명나라가 쇠락한 뒤 중국에서 호이안으로 이주해 온 사람들이다. 호이안의 유서 깊은 구 시가지에 자리 잡은 푸젠 중국 신자 사원은 호이안의 다른 사원과 가까운 곳에 있다.

주소_ 46 Tran Phu, Phường Minh An, Hội An
시간_ 8〜17시
전화_ 0235-3861-252

꽌꽁 사원
Chu Phuc Kien

화려한 색으로 장식된 아름다운 중국식 사원에서 멋진 조각과 예술품을 감상해 보자. 꽌꽁 사원은 수많은 전투에서 승리를 거두었다는 관우 장군의 이름을 따서 지어졌다. 붉은색, 금색, 녹색으로 이루어진 사원과 아름다운 예술품은 오늘날에도 훌륭한 볼거리를 제공하고 있다.

1653년에 건립된 꽌꽁 사원은 수차례의 재건을 거쳤다. 그럼에도 사원은 호이안의 다른 유서 깊은 건물들과 마찬가지로 훌륭하게 보존되었으며, 초기의 모습을 고스란히 간직하고 있다. 꽌꽁 사원은 베트남의 국가 문화유적지로 지정되어 있다.

사원의 외관은 분홍색 벽돌로 이루어져 있고, 지붕은 광택 나는 녹색 타일로 지어졌다. 일각수와 용과 같은 신화 상의 동물들이 사원을 감싸고 있다. 중앙 홀로 이르는 길은 구름에 휩싸인 하얀 말과 적토마가 있다.

중앙 홀의 정면으로는 꽌꽁의 동상이 제단 위에 위풍당당히 서 있다. 꽌꽁의 보초병 빈과 차우 투옹도 양옆을 지키고 있다. 사원 곳곳에 걸려 있는 글귀는 꽌꽁의 위대함을 칭송하는 것으로서, 모두 중국 문자로 씌어져 있다. 영향력 있는 왕족과 지식인들이 글귀를 선사했다고 한다.

제단 양옆으로는 의식에 사용하는 제기와 무기가 전시되어 있다. 그 중 북과 종은 20세기에 당시 왕이었던 바오다이가 하사한 것이다. 중앙 홀 뒤로는 신전이 자리하고 있다.

주소_ 24 Tran Phu, Càm Châu, Hội An
시간_ 8~17시
전화_ 0235-3861-327

호이안(Hoian)에서 한 달 살기

다낭Danang은 알아도 호이안Hoian은 현재 대한민국 여행자에게 생소한 도시이다. 하지만 베트남에서 옛 분위기가 가장 살아있는 도시가 호이안Hoian이다. 베트남의 한 달 살기에서 저자가 가장 추천하는 도시는 호이안Hoian이다. 왜냐하면 도시는 작지만 다양한 즐길거리가 존재하고 옛 분위기를 간직하고 있어 오래 있어도 현대적인 도시에 비해 덜 질리는 장점이 있다.

저자는 베트남의 호이안Hoi An에서 3달 동안 머물면서 호이안 사람들과 웃고 울고 느낌을 공유하면서 베트남 생활에 쉽게 적응할 수 있었고 무이네Muine와 남부의 나트랑Nha Trang, 푸꾸옥Phu Quoc에서 한 달 살기로 적응하기 쉽게 만들어준 도시가 호이안Hoian이다. 대한민국이 여행자들도 다낭에서 여행하다가 잠시 머무는 도시가 아닌 장기 여행자가 오랜 시간 호이안Hoian에 머물고 있는 도시로 바뀌고 있다.

장점

1. 친숙한 사람들

호이안Hoian은 중부의 옛 분위기를 간직한 도시이다. 도시는 작지만 많은 여행자가 머물기 때문에 호이안 사람들은 여행자에게 친절하게 다가가고 오랜 시간 머무는 여행자와 쉽게 친해진다. 달랏Dalat이 베트남의 신혼 여행지이자 휴양지로 알려져 있다면 호이안Hoian은 웨

딩 사진을 찍는 도시이다. 그만큼 다양한 분위기를 가지고 베트남 사람들뿐만 아니라 여행
자에게 친숙한 사람들이 호이안의 한 달 살기를 쉽게 만들어준다.

2. 색다른 관광 인프라

호이안Hoian은 베트남의 다른 도시에서 느
끼는 해변의 즐거움이나 베트남만의 관
광 인프라를 가지고 있지는 않다. 오랜 기
간 베트남 중부의 무역도시로 성장한 도
시이기 때문에 도시는 무역으로 성장한
분위기를 그대로 가지고 있다. 또한 안방
비치도 있어 해변에서 즐기는 여유도 느
낄 수 있고 올드 타운의 밤에 거리를 거
닐면서 즐기는 옛 분위기는 호이안Hoian만
의 매력으로 다른 도시에서는 느낄 수 없
는 것이다.

3. 접근성

다낭에서 30~40분이면 호이안Hoian에 도
착할 수 있다. 호이안Hoian이 멀다고 느껴
지지만 다낭에서 버스나 택시로 쉽게 접
근 할 수 있다. 다낭이 최근에 성장한 무
역도시이자 관광도시라면 호이안은 옛
무역도시라고 생각하면 된다. 그래서 해
안이나 다낭을 통해 쉽게 접근할 수 있는
도시이다.

4. 장기 여행 문화

베트남은 현재 늘어나는 단기여행자 뿐만 아니라 장기여행자들이 모이는 나라로 변화하
고 있다. 경제가 성장하면서 여행의 편리성도 높아지면서 태국의 치앙마이 못지않은 한 달
살기로 이름을 날리고 있다. 여유를 가지고 생각하는 한 달 살기의 여행방식은 많은 여행
자가 경험하고 있는 새로운 여행방식인데 그 중심으로 호이안Hoian이 변화하고 있다.

5. 슬로우 라이프(Slow Life)

옛 분위기 그대로 지내면 천천히 즐기는 '슬로우 라이프$^{Slow Life}$'를 실천할 수 있는 도시라고 말할 수 있다. 유럽의 여행자들이 달랏^{Dalat}에 오래 머물면서 선선한 날씨와 유럽 같은 도시 분위기에 매력을 느낄 수 있다면 호이안은 베트남의 16~17세기의 분위기를 느끼면서 옛 도시에서 머문다는 생각이 여행자를 기분 좋게 만들어 준다. 그래서 유럽의 많은 배낭 여행자들이 오랜 시간을 머무는 도시가 호이안^{Hoian}이다.

6. 다양한 국가의 음식

다낭^{Dannang}에는 한국 음식을 하는 식당들이 많지만 호이안^{Hoian}에는 많지 않다. 가끔은 한국 음식을 먹고 싶을 때가 있지만 다낭만큼 한국 음식점이 많지 않다. 하지만 전 세계의 음식을 접할 수 있는 레스토랑이 즐비하다. 그래서 호이안^{Hoian}에는 베트남 음식을 즐기는 것이 아니라 전 세계의 음식을 즐기는 여행자가 많다. 유럽의 배낭 여행자가 많아서 다양한 국가의 음식을 즐길 수 있는 곳이 호이안^{Hoian}이다.

단점

1. 저렴하지 않은 물가

베트남 여행의 장점 중에 하나가 저렴한 물가이다. 하지만 호이안^{Hoian}은 베트남의 다른 도시보다 호이안^{Hoian}의 올드 타운의 물가는 베트남의 다른 도시보다 상대적으로 높은 편이다. 올드 타운은 도시가 작은 규모로 유지가 되므로 더 이상 새로운 레스토랑이 들어서기 보다 기존의 레스토랑이 유지가 되고 있다. 올드 타운을 벗어나 호이안 사람들이 사는 곳으로 이동하면 현지인의 물가가 저렴하지만 장기 여행자는 올드 타운에서 머물고 싶어 하므로 다른 도시보다 높은 물가를 감당하고 머무는 경우가 많다.

2. 정적인 분위기

올드 타운이 오래된 옛 분위기를 보여주지만 상대적으로 활기찬 분위기의 도시는 아니다. 그래서 정적인 분위기를 싫어하는 여행자는 호이안^{Hoian}을 지루하다고 하기 때문에 자신의 성격과 맞는 도시인지 확인을 해야 한다. 근처에 안방비치도 있지만 다낭처럼 비치의 활기찬 분위기는 아니다.

EATING

포 리엔
Phở Liến

호이안의 현지인들이 먹는 쌀국수 국물은 담백하지만 단 맛이 나는 경우가 많다. 그런데 이 식당은 면발은 쫄깃하고, 국물에는 우리가 계란을 라면에 풀어서 넣듯이 특이하게 쌀국수에 생 계란을 넣어서 먹는다.

점심시간에는 내부나 테라스 어디에나 사람들로 꽉 차서 자리가 없을 정도라서 식사시간보다 10분 정도 일찍 찾으면 편하게 먹을 수 있다.

///

주소_ 25 Lê Lợi, Phường Minh An, Hội An
시간_ 6시~19시
요금_ 쌀국수 40,000동
전화_ +84-90-654-3011

포 슈아
Pho xua

올드 타운은 관광지이기 때문에 식당의 음식 가격이 저렴하지는 않다. 또한 현지인들이 먹는 쌀국수와 맛이 다른 경우도 있다. 아마 호이안에서 가장 인기가 많은 베트남 음식 전문점을 물어본다면 저렴하고 맛 좋은 포 슈아Pho xua라고 대답할 것이다. 호이안 올드 타운을 걷다보면 한

글로 된 간판이 보여 놀라고, 한국 관광객들이 줄서 있는 것을 보고 또 놀랄 것이다. 쌀국수, 반쎄오, 분짜, 스프링 롤 등이 가장 많이 주문하는 메뉴이다. 최근에 한국 관광객이 많아지면서 점심이나 저녁 식사 시간에는 대기를 하는 경우도 발생한다.

주소_ 35 Phan Chu Trinh, Phường Minh An, Hội An
시간_ 10~21시
요금_ 소고기 쌀구수 45,000동
전화_ +84-90-311-2237

카고 클럽
The Cargo Club

피자, 파스타, 립 등의 서양요리와 화이트 로즈, 쌀국수, 넴 등의 베트남 요리도 맛있지만 디저트로 인기가 많다. 특히 유럽 관광객이 많아 메인 식사를 하고 대부분 디저트를 같이 한 곳에서 먹는다.

투본 강을 마주하고 있어서 전망이 좋아서 오랜 시간 한 장소에서 이야기하면서 식사를 하고 싶은 관광객이 대부분이다.

강변을 걷다보면 식당 앞 등불이 눈에 띠는 장식이라 밤에는 사진을 찍기 위해 찾는 관광객도 있다. 전망 좋은 2층 야외 테라스에 앉기 위해 경쟁이 치열하여 필자는 저녁 시간 이후에 가서 여유롭게 이야기하는 카페 같은 곳이었다.

주소_ 109 Nguyễn Thái Học, Street, Hội An
시간_ 8~23시
요금_ 화이트 로즈 85,000동
그릴 미트 콤보 225,000동
전화_ +84-235-3911-227

미스 리
Miss Ly

베트남 음식을 외국인에게 알리기 위해 시작한 식당은 내부가 고풍스럽고, 아늑한 25년 전과 같은 가족들이 음식을 대를 이어서 하고 있다. 신선한 재료와 조미료를 넣지 않은 소스와 국물은 담백한 맛을 낸다. 화이트 로즈, 프라이드 완탕, 까오러우 등은 관광객이 주로 주문하는 요리이다. 한국인 관광객을 위해 매콤하게 해 달라고 하면 우리가 먹는 반찬과 차이가 없을 정도이다. 기다리는 시간이 길기 때문에 대기시간을 물어보고 올드 타운을 돌아보다가 시간에 맞춰 가는 것이 편리하다.

주소_ 22 Nguyen Hue, Hội An
시간_ 10시 30분~22시
요금_ 화이트 로즈 85,000동
그릴 미트 콤보 225,000동
전화_ +84-235-3861-603

홈 호이안 레스토랑
Home Hoian Restaurant

최근에 인기를 끌고 있는 베트남 가정에서 먹는 음식을 그대로 만드는 베트남 식당이다. 서민적인 가족이 아니고 중산층 베트남 가정을 모델로 깔끔하고 정갈하게 관광객을 위해 요리를 하기 때문에 가격이 비싼 편이라 유럽 여행자들이 주 고객이다.

베트남 중부의 전통 음식에서부터 베트남 북부 음식까지 다양하다. 쌀국수는 직접 육수를 따로 부어주는 후에 방식의 쌀국수는 호이안과 조금 다른 음식을 맛볼 수 있어서 매력적이다. 서양 관광객을 위해 영어로 된 메뉴판이지만 음식이 사진과 함께 볼 수 있어서 주문하기 편리하다. 디저트로 나오는 바삭한 라이스 크래커는 의외로 별미이다.

주소_ 112 Nguyễn Thái Học, Phường Minh An, Ancient Town
시간_ 12~21시 30분
요금_ 그릴 오이스터 155,000동
돼지고기 쌀국수 120,000동
전화_ +84-235-3926-668

호로콴
Hồ Lô quán

베트남 요리를 현지 가정식처럼 만드는
것이 최근의 트렌드인데 유행을 주도한
식당이 이 곳이다. 주인장과 아는 사이라
손님이 없을 때 가서 식사를 하고 나오고
나면 시골의 한적한 식당처럼 아늑한 분
위기를 느낄 수 있었다.
타마린드 소스에 새우, 채소가 들어 있는
프라이드 쉬림프 위드 타마린드 소스가

유명하다. 매콤하고 달짝지근한 한국인
입맛에 잘 맞도록 만들어 한국 관광객이
주로 찾는다. 또한 밥을 무료로 리필 해줘
서 먹고 싶은 만큼 배부르게 먹고 친구
집에서 나오는 느낌이다. 올드 타운에서
떨어져 있지만 버스 주차장에서 가까워
찾기는 어렵지 않다.

주소_ 20 Trần Cao Vân, Phường Cẩm Phổ, Hội An
시간_ 09~23시
요금_ 타마린드 새우 112,000동
전화_ +84-90-113-2369

망고 룸스
Mango Rooms

내원교 근처에 투본 강을 바라보면서 퓨전 요리와 칵테일을 즐기는 레스토랑이다. 가게에서 바라보는 전망이 아름다워서 2층으로 올라가면 분위기 좋은 데이트를 즐기는 연인들이 좋아한다.
내부의 인테리어가 원색으로 다양하게 장식되어 인상 깊게 다가온다. 다만 분위기에 비해 요리는 비싸고 맛은 떨어지지만 전망을 보면서 먹는 분위기에 맛있게 먹고 나올 수 있다. 저녁 식사 전, 올드 타운에 사람들이 사진 찍기 바쁜 시간인 9~19시에는 해피아워 시간을 만들어 칵테일, 맥주를 50% 할인해 준다.

주소_ 111 Nguyen Thai Hoc, Hội An
시간_ 9시~22시
요금_ 로킹 롤 95,000동, 베리베리 굿 120,000동
전화_ +84-90-5011-6825

시크릿 가든
Secret Garden

근처에 가도 찾기가 쉽지 않은 골목에 있지만 열대 식물과 다양한 나무들로 꾸며진 초록색을 보면 숲 속의 정원에 온 것 같다. 매일 시장에서 사온 신선한 재료를 가지고 20년 전부터 할머니는 정성스러운 베트남 음식을 만들었다.

초창기에는 대부분 서양 여행자라서 다양한 와인과 함께 저녁에는 라이브 음악을 들려주면서 입소문을 타고 알려지게 되었다. 연인들이 기분 내고 싶을 때 방문하는 카페 같은 레스토랑은 장기 여행자들을 위해 1일 요리 교실도 운영하고 있다.

주소_ 60 Le Loi, Hoi An
시간_ 8~24시
요금_ 화이트 로즈 68,000동
전화_ +84-94-156-1465

라 플라주
La Plage

안방 비치가 보이는 야외 테라스에서 여유롭게 커피나 식사를 즐기는 연인이나 가족 여행자들을 볼 수 있는 대표적인 곳이다. 위치도 좋고, 가성비도 좋은 해산물 요리가 대표 메뉴인 곳이다. 대부분 메인 요리를 주문하면 샤워장 이용도 가능하여 유럽 여행자들이 해변에서 즐기다가 힘들면 쉬었다가 다시 비치로 가기 위해 찾는 곳이라서 영어로 된 메뉴판이 준비되어 있다. 가리비와 크리스피 새우 요리가 한국 관광객의 추천을 받고 있다.

주소_ An Bang Beach. Hội An
시간_ 7~22시
요금_ 그릴드 오징어 90,000동
　　　 새우 샌드위치 60,000동
전화_ +84-93-592-7565

소울 키친
Soul Kitchen

시원한 바다가 보이는 풍경이 아름다워 초창기 호이안에 오래 있던 장기 여행자들에게 알려지기 시작했다. 특히 일몰을 보기 위해 해지기 1시간 전부터 노을 지는 풍경을 보면서 식사하기 위해 북적이기 시작한다. 베트남 요리가 아닌 햄버거, 스파게티 등 서양요리를 찾는 유럽 여행자가 많다. 최근에는 효도여행이나 가족 여행객들을 위해 방갈로 좌석을 만들어 조용하게 식사할 수 있어서 예약을 하고 가는 관광객도 많다. 저녁 식사 전 해피아워 시간에는 맥주에 한해서 1+1 이벤트도 진행하고, 주말 저녁 시간에는 라이브 공연도 하지만 큰 기대는 금물이다.

주소_ An Bnag Beach, Hội An
시간_ 8~23시
요금_ 까르보나라 160,000동, 소울 햄버거 155,000동
전화_ +84-90-644-03-20

윤식당
Youn's Kitchen

한국 음식을 먹고 싶은 한국 관광객을 위해 만든 한식 전문 식당으로 한국어 메뉴판, 시원한 에어컨까지 한국 분위기에 놀란다.

베트남 음식이 서투른 부모님들을 위해 차돌 된장찌개, 참지 김치찌개, 제육 쌈밥, 숯불 닭갈비 등 친숙한 음식을 먹을 수 있어 반가워한다. 다만 디저트는 망고를 주기 때문에 '베트남에 온 것이 맞다'고 말하는 사람들도 있다.

올라 타코
Hola Taco

멕시코 음식을 하는 드문 레스토랑인데, 미국 여행자들은 멕시코가 떠오르는 그림으로 채워져 있는 벽면을 보면 멕시코가 아닌가 하는 착각이 든다고 말한다.

의외로 푸짐한 양과 멕시코 현지의 맛을 느낄 수 있다고 알려져, 외국인 여행자들이 주로 찾는다. 타코, 케사디야, 나쵸, 엔칠라다드가 주 메뉴인데, 김치 타코도 있는 것이 신기하다.

주소_ 9 Phan Chu Trinh, Cẩm Châu, Hội An, Quảng Nam, 베트남
시간_ 11시 30분~22시(일요일 휴무)
요금_ 케사디야 115,000동, 나쵸 160,000동
전화_ +84-91-296-1169

주소_ 73 Nguyễn Thị Minh Khai, Phường Minh An, Hội An
시간_ 10~22시
요금_ 스팸 계란 복음밥 150,000동
차돌 된장찌개 150,000동
전화_ +84-90-870-8256

투명 인간(The invisible man)

살면서 투명 인간이 됐다는 느낌을 받을 때가 많았다. 내가 왜 존재하나 물음표가 많이 나오는데

-양 준 일 -

새들이 지저귀는 소리에 일어나는 것이 얼마만인가? 기억에도 남아 있지 않다. 매일 스마트폰이 알려주는 알람소리에 일어나면서 하루를 시작했다. 새들이 지저귀는 소리는 매일 기분 좋은 일만은 아니었다. 어떻게 새들이 정확한 시간에 지저귀는지 궁금해 하면서 짜증을 참을 때도 있었다.

눈을 떠서 맞는 새로운 나라에서 아침에 여행을 온 외국인도 살아가야 한다. 오랜 시간의 여행도 하나의 삶이기 때문이다. 인생도 내 마음대로 되는 것이 아니지만 여행도 모든 일이 바라는 대로만 흘러가는 날들은 아니기에 나에게는 작은 공간이지만 아침의 여유로운 특권이 기분을 풍만하게 해준다.

아침을 먹고 나서 곧바로 침대에서 돌아앉아서 커튼을 걷고, 창문을 여니 많은 햇빛이 나의 침대에 쏟아진다. 일어나서 창문까지 걸어가는 것이 길고 멀게만 느껴질 때는 침대에서 꾸물거렸던 시간들이 후회스러울 때도 있지만 나를 따뜻하게 반겨주는 햇빛이 사랑스럽다.

여행을 하다보면 가끔씩 낯선 공간에서 '투명 인간'이 된 것 같은 때도 많다. 짧은 시간 동안 여기 저기 돌아다니면서 하루가 짧게 느껴지는 배낭여행이나 유럽 여행에서는 그런 시간적인 느낌이 느껴지지는 않는다. 하지만 호흡을 느리게 하면서 현지 문화를 체험하려고 할 때, 그들의 삶 속으로 들어가려고 할 때 투명 인간이 한동안 찾아온다. 그들은 아직 나를 받아들일 준비가 되지 않았고 나는 낯선 공간에 들어와 그들과 함께 무엇인가를 하려고 할 때 서로 어쩔 줄 몰라 하는 장면들은 여행자에게는 난감한 상황을 어떻게든 이겨내고 "나도 이곳의 한 사람이다!"라는 인상을 주어야 한다. 아니면 끝까지 투명 인간이 되어 다른 도시로 옮겨야 할 수도 있기 때문이다.

베트남에서 1년이 지나면서, 이곳의 풍경에 익숙해졌다. 창문을 열고 하얀 얇은 천의 레이스 커튼만 치고 바람에 흔들리는 커튼을 한참 소파에 앉아서 바라보았다. 구름의 움직임에 따라서 강해졌다 사라졌다 하는 햇빛, 그리고 살랑이는 레이스 커튼과 창문을 통해 들려오는 아이들의 깔깔거리는 소리가 나에게 충만하게 시작하지 않으면 안 될 것만큼 생기를 불어주었다.

어떤 이는 20년 정도를 대한민국에서 투명 인간으로 살아서 자신의 삶을 부정하면서 새롭게 살려고 노력했다는 데 나는 거기에 비하면 아무 것도 아닐 것이다. 하지만 여행이 가장 힘들 때는 투명 인간이 장기간 이어지는 것이다. 단지 아름다운 건축물과 자연을 보고 여행을 할 수만은 없다. 여행에는 오감이 자신에게 들어오고 그 오감이 나에게 새로운 영감을 불어넣어줄 때 여행은 행복해진다.

로컬 커피점에 도착하자마자 주문을 하고 그들이 만들어준 테이블에 끼어 앉는다. 아무리 이 시간이 되도 항상 여느 때처럼 붐빈다. 시끌벅적 사람들이 만드는 살아가는 이야기들과 커피 잔이 엎어지고 스푼이 엎어지는 소리들, 커피가루를 털어내는 소리, 그리고 베트남의 진한 커피가 내려지는 향이 풍겨온다. 앉을 겨를도 없이 안부를 묻고 지내 오던 이야기를 이어나간다. 그러면서 한 명씩 한 명씩 알아가는 맛에 나의 일을 자연스럽게 털어놓으면 모두가 진심으로 나를 걱정하고 함께 고민해주고 해결을 하려 노력하는 시간들이 이어진다.

놀랍게도 할머니가 위로해주는 이야기는 나의 외할머니가 해주었을 것 같은 말과 닮았다. 삶의 노련함이 들어가 있는 어르신들은 그냥 웃음만 지어도 그 살아온 삶이 저절로 나에게 믿음을 준다. 나는 아직도 투명 인간이 되지 않으려고 발버둥칠지도 모르지만 그들과 함께 서로에게 의지할 수 있는 친구가 되었을 때 암막이 걷힌 투명 인간에서 나와 그들과 함께 지낼 수 있다.

Hue

후에

Hue
후에

베트남이 수도를 하노이로 옮기기 전까지 베트남의 문화·경제적 중심지는 후에Hue였다. 꽃향기가 짙게 배어 있는 향 강을 따라 찬란했던 왕조의 역사를 거슬러 올라가면 전쟁 전 가장 아름다웠던 베트남의 모습을 만날 수 있다.

응우옌 왕조 200년의 역사를 만날 수 있는 베트남 최초의 세계문화유산인 후에Hue에는 찬란했던 과거의 유산이 곳곳에 남아있다. 후에의 역사·문화에 관한 이야기를 알아야 후에 여행이 재미있어진다. 지금도 후에Hue 거리에는 예술가들의 갤러리와 공방을 쉽게 찾을 수 있다. 또한 후에 왕조의 자부심인 후에Hue 전통 요리도 베트남 최고 별미로 꼽힌다.

한눈에 후에 파악하기

요새와 궁전, 호숫가, 근사한 가로수가 늘어선 곳을 둘러보면 역사적인 베트남 도시에 온 것을 느낄 수 있다. 그림 같은 향 강에 자리한 도시 후에^{Hue}는 승리와 비극을 모두 담고 있는 도시이다.

현재, 유네스코 세계문화유산지역으로 지정된 역사적 수도로 가로수 길을 따라 걸어 다니면서, 왕들의 무덤을 구경할 수 있다. 후에는 왕궁 시대부터 이어져 오는 음식으로 유명하여 왕실 연회에서 맛볼 수 있는 음식들을 직접 맛볼 수 있다.

후에는 1802~1945년까지 남부와 북부를 모두 통일한 베트남을 지배했던 '응우옌 왕조'의 수도였지만 제1차 인도차이나 전쟁으로 많이 훼손된 후, 미국과의 베트남 전쟁으로 거의 폐허가 되었다. 지금도 도시는 재건되었지만 재건 작업은 지금도 이어지고 있다.

강의 북쪽 대부분은 후에 황궁부분 이다. 10㎞ 길이의 벽과 해자로 둘러 싸인 황궁은 한적하게 거닐면서 응 우옌 왕조의 건축물들을 볼 수 있다. 황궁 내에는 다양한 사원, 거주지, 유적지, 정원 등이 후에라는 도시를 느끼게 해준다.

강의 남쪽은 택시나 배를 타고 화려한 왕의 무덤을 볼 수 있다. 화려한 응우옌 시대의 묘들
은 베트남 왕실의 대표적인 예이다. 웅장한 뜨득 황릉은 핵심 황릉이다. 광대한 소나무 숲
과 한적한 호수로 "평생의 꿈"을 대표하는 디자인으로 설계되었다. 강의 북쪽에는 베트남
에서 가장 높은 탑인 티엔무 타워과 그 안에 탑이 있다.

About 후에

베트남 마지막 왕조의 수도

베트남 마지막 왕조의 수도로 알려진 후에가 베트남 중부의 중심지로 거듭난 것은 16세기 초이다. 응우옌 가문의 장남이었던 응우옌 호앙이 베트남 남부 지역의 군주로 임명되면서 그는 중부의 수도를 후에로 정했고, 응우옌 가문은 이후 약 200년 동안 후에를 중심으로 베트남 전체로 확장했다.

응우옌 마지막 왕의 조카 응우옌 안은 300년 만에 베트남을 다시 하나의 국가로 통일했다. 그는 새로 통일된 국가를 '비엣남Vietnam'이라 칭했고, 수도도 하노이에서 후에로 옮겼으며, 자신이 황제로 직접 등극하고 '지안롱'이라고 불렀다.

그 후로 응우옌 왕조는 베트남 전체를 다스리며 왕권을 이어갔다. 비록 수도로 있었던 기간은 143년밖에 안되지만, 수백 년 전부터 남부 지방의 중심지 역할을 했던 후에Hue는 베트남 어느 지역보다 예술과 문화가 발달했다.

아오자이의 본고장

베트남 패션을 대표하는 의상이 있다면 누구나 '아오자이'라고 답할 것이다. 베트남에 가지 않더라도 TV에서 아오자이를 입은 모습을 본 적이 있을 것이다. 후에Hue에는 캐주얼하게 아오자이를 입고 다니는 여성들을 볼 수 있다. 아오자이를 교복으로 입고 다니기도 한다.

응우옌 왕조 이전에 베트남 남부 지방을 다스리던 응우옌 가문이 북부와 다른 그들만의 문화를 만들기 위해 관료들에게 바지 위에 길게 내려오는 드레스를 입게 한 것이 아오자이의 시작이라고 알려져 있다.

응우옌 왕조 후에는 누구나 아오자이를 입기 시작하여 지금까지 베트남을 대표하는 의상이 되었다. 현재의 아오자이는 20세기 초에 개량된 디자인으로 프랑스 식민지 시절의 프랑스 디자인이 접목된 것이다.

베트남 최초의 문화유산으로 등재

후에Hue는 베트남에서 가장 먼저 유네스코 세계문화유산에 등재된 도시로 후에 황궁을 비롯한 수많은 유적이 있다. 비록 인도차이나 전쟁과 베트남전쟁 때 폐허로 변해버렸지만, 오랜 기간의 복구 작업을 통해 예전의 모습을 되찾을 수 있었고, 1993년 역사적 가치를 인정받아 공식적으로 세계문화유산에 등재될 수 있었다.

동서양의 만남

시내 중심부에 있는 황궁에는 아직도 폐허로 남아 있는 곳도 많지만, 응우옌 황제들의 황릉은 예전 그대로의 화려한 모습을 간직하고 있다. 특히 동서양의 건축 문화를 합쳐놓은 카이딘 황릉과 중국 건축양식을 접목한 민망 황릉은 찬란한 과거의 웅장함을 그대로 담고 있다.

후에 성 & 황궁
Citadel & tHE Imperial City

후에 성과 황궁의 성벽 안을 거닐며 아름
다운 사원과 궁전을 구경할 수 있다. 유명

한 성채가 파괴된 과정을 살펴보고, 전쟁
을 수차례 거쳤음에도 피해를 모면할 수
있었던 훌륭한 건축물을 볼 수 있다.

후에Hue에 있는 황궁 시티는 1804년에 짓
기 시작했다. 지금은 더 이상 정부 소재지
가 아니지만, 아직까지도 베트남의 중요
한 문화적 중심지 역할을 하고 있다.

후에성(Hoàang Thành Hue)

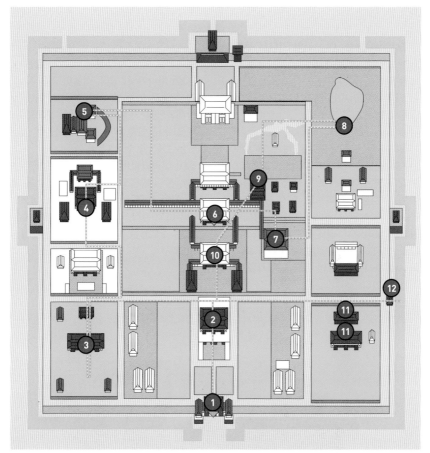

❶오문(午門) 후에 황궁의 남문이자 입구
❷태화전(太和殿) 황제의 대좌가 남아 있는 안현실
❸묘문(廟門) 역대 황제들의 종묘
❹연수궁(延壽宮) 자롱 황제 어머니의 궁전
❺장생궁(長生宮) 민망 황제어머니의 궁전
❻자금성(紫禁城) 폐허로 남은 황궁 터

❼열시당(閱是堂) 공연이 열리는 황실 극장
❽꼬하 정원 초록색이 숨 뒤는 황실 정원
❾태평루(太平樓) 여전히 화려한 황실 서재
❿근정전(勤政殿) 문무 관료들이 머물던 곳
⓫조묘(肇廟) 응우옌 완조의 선조를 가르키는 곳
⓬현인문(顯仁門) 황궁의 후문이자 동쪽 출구

황궁 시티를 구경하다 보면 몇 시간이 금
세 흘러간다. 황궁 안은 넓어서 둘러보면
2시간이상이 소요된다.

1. 오문 → 2. 태화전 → 3. 묘문 → 4. 연수궁 → 5. 장생궁
→ 6. 자금성 → 7. 열사당 → 8. 꼬하 정원 → 9. 태평루 →
10. 근정전 → 11. 조묘, 태묘 → 12 현인문

종류	어른	어린이
후에 황릉 입장료	150,000동	30,000동
민망 황릉, 카이든 황릉, 뜨득 황릉 각 입장료	100,000동	20,000동
세 곳 통합 입장료 (후에 황궁, 민망 황릉, 카이든 황릉/유효기간 2일)	280,000동	55,000동
네 곳 통합 입장료 (후에 황궁, 민망 황릉, 카이든 황릉, 뜨득 황릉/유효기간 2일)	360,000동	70,000동

황궁 둘러보기

고관들에게 공포심을 심어주기 위해 만든 오문Ngo Mon을 지나 구역 안으로 들어가면 보인다. 이 문은 베트남 역사에서 중요한 역할을 담당하던 곳으로 1945년 바오 다이 황제가 이곳에서 퇴위하며 응우엔 왕조의 종식을 고했다.

아름다운 연못 맞은편으로 계속 가다 보면 태화전Thai Hoa Palace이 모습을 드러낸다. 80개의 붉은 대리석 기둥 위에 얹은 화려한 목조 지붕을 살펴보고, 다시 궁전으로 돌아와 높은 단상 위에서 위용을 뽐내는 왕좌도 살펴보자. 성채 건축 당시부터 프랑스, 미국과 전쟁을 치르며 일부가 파괴된 시점까지, 살펴보면 황궁의 역사를 알아볼 수 있다.
궁전 바로 뒤편에 있는 중국관Halls of the Mandarins으로 향하면 정교한 황금 부처상이 보인다. 이곳에서 베트남 왕족의 예복을 착용한 채 사진도 찍어 볼 수 있다.

왼쪽에는 황궁 시티에 얼마 남지 않은 사원 중 하나가 서 있다. 건물이 거의 다 붉게 칠해져 있는 묘 사원Mieu Temple에는 각 황제의 신사가 마련되어 있는 곳으로 금테를 두른 탁자 위에 황제의 사진이 놓여 있는 것을 알 수 있다.
강이 내려다보이는 성벽에서 3층으로 이루어진 깃발탑으로 이동하자. 성벽을 따라 걷다 보면 신성시되는 9개의 대포와 마주하게 된다. 각각 무게가 약 11ton에 달하는 대포들은 사계절과 오원소를 상징한다.

주소_ Phú Hàu, Thành phö Hue, Thúa Thién Hue
시간_ 8~17시 30분(목요일은 22시까지)
전화_ 0234-3513-322

황궁 집중탐구

응우옌 왕조의 수도를 후에로 정한 지아롱 황제는 중국 자금성을 모델로 호화스러운 왕궁을 짓기 시작했다. 수천 명의 인부와 30년의 긴 시간이 걸렸지만, 그렇게 완공된 후에 왕궁은 오늘날 베트남 역사에서 가장 위대한 건축물로 남아 유네스코 세계문화유산에 등재됐다.

깃발탑(Cot Co)

후에 황궁 정문 앞에 있는 피라미드형 건축물인 왕궁의 게양대는 3층 높이의 탑 꼭대기에는 높이 37m의 깃대와 8개의 대포가 배치되어 있다. 1807년, 나라를 창건하고 후에 성의 방어 체계의 하나로 지어진 것으로 당시에는 대포와 함께 병사들이 적병을 감시할 수 있도록 망루가 설치되어 있었다. 130년이 넘는 기간 동안 응우옌 왕조를 상징하는 깃발이 걸려 있었으나 1945년에 베트남 민주공화국이 후에를 점령한 후 현재 베트남 국기인 '금성홍기'로 교체했다.

초기에는 나무로 만든 깃대를 사용했지만 강한 바람에 부러져 1904년에 무쇠로 만든 깃대를 새로 설치했고, 베트남 전쟁 중 다시 한 번 부러져 콘크리트로 깃대를 설치한 것이 지금까지 유지되고 있다. 꼭대기까지 올라갈 수 있는 계단이 있지만 국기 게양식이나 국가 행사 때만 문을 열고 관광객의 출입은 통제된다.

오문(Ngọ Môn)

후에 왕궁 남쪽에 자리한 성문인 오문Ngọ Môn은 왕궁의 정문으로 황제가 왕궁에서 거행되는 행사와 병사들의 훈련을 지켜보는 누각으로 사용하였다. 왕궁 동서남북에 자리한 4개 문 중 오문을 통해서만 후에 왕궁으로 들어갈 수 있다. 오문에 있는 3개의 대문 중 중앙문은 황제만 사용할 수 있어서, 지금도 중앙문은 굳게 닫아 놓고 있다.

중국 문화의 영향을 받아 풍수지리에 맞게 지어져, 좌측 문과 우측 문을 통해서만 입장이 가능하게 하였다. 응우옌 왕조 마지막 황제였던 바오다이는 1945년, 베트남 민주공화국에 주권을 넘겨준 뒤 오문의 누각에서 왕조의 마지막을 지켜봤다고 전해진다.

태화전(Điện Thái Hoà)

입구인 오문을 지나가면 탁 트인 곳에 커다란 태화전이 보인다. 1805년 후에 왕조의 황제였던 자에 황제는 중국 자금성에 버금가는 장소를 만들기 위해 국가의 식이 거행되거나 외국의 사진을 접견하는 궁중 행사에 사용할 태화전Điện Thái Hoà을 지었다. 현재 태화전Điện Thái Hoà 안에 황제의 대좌가 남아 있다.

근정전(Điện Cần Chánh)

왕궁을 찾은 외국 사절단과 국빈들이 황제를 알현하던 곳. 후에 왕궁에서 가장 큰 규모와 화려함을 자랑하는 건물이었지만, 1947년, 응우옌 왕조에 불만을 품은 세력의 방화로 불타 버려 현재 건물의 터만 남아 있다. 베트남 전쟁 후 태평루에 보관되어 있던 기록을 바탕으로 복구 작업을 진행했으나 근정전 양옆에 있던 별관의 회랑만 겨우 복원되었다. 일본 와세다 대학과 공동으로 복구 작업을 하여 복원은 완공되었다.

중국관(Tả Vu và Hữu Vu)

태화전 좌우에 자리한 별관으로 중국 사절단이 황제를 알현하기 전 예의를 갖출 수 있도록 준비된 건물이다. 19세기 말, 민망 황제 때 완공된 것으로 추정하고 있다. 그 후, 프랑스 식민지 시절에는 공연이나 무술 시범이 열리는 행사장으로 사용되었다. 베트남전쟁 때 두 건물 모두 파손됐지만, 좌측 건물은 1977년, 우측건물은 1986년에 각각 지금의 모습으로 복구되었다. 현재 우측은 갤러리, 좌측은 공연장과 기념품점으로 사용하고 있다. 공연장에서 관광객들이 황실 의상을 입고 사진을 찍을 수 있는 포토존이 있다.

태평루(TháiBình Lâu)

1847년 띠에우찌 황제가 황궁을 거니는 중 쉬면서 책을 읽기 위해 만든 휴식공간으로 뚜득 황제 때부터 도서관으로 사용하면서 황궁의 문서를 보관하는 장소로 사용했다. 왕조의 몰락과 베트남전쟁 중에도 큰 피해를 입지 않아 문서들이 하노이 국립 역사박물관에 보존되어 있다. 태평루 옆에 자리한 인공 연못에는 바위로 만든 정원은 중국식 정원을 본떠 띠에우찌 황제가 직접 조성했다.

현인문(Cúa Hiển Nhon)

황궁의 후문으로 동쪽에 보인다. 전통 공예를 보여주고 기념품을 파는 공방이 있는데 유럽 관광객들이 좋아하는 장소이다. 전시물은 19세기 말부터 20세기 초 무렵 폐허로 변하기 전 왕궁의 모습을 담은 사진과 왕궁에서 사용했던 식기나 의복 등의 유물로 구성되어 있고, 전시 테마를 수시로 바꿔 과거 왕궁의 모습을 다양한 각도에서 바라볼 수 있다.

유럽 문화의 동경, 건중루(Điện Kiến Trung)

근정전을 지나 왕궁 북쪽 끝으로 이동하면 하나의 터가 보인다. 유럽 문화를 동경했던 카이딘 황제가 즉위 후 기존에 있던 건물을 철거하고 창건한 네오고딕 양식의 저택 '건중루'가 있던 자리이다. 1945년 응우옌 왕조가 몰락하기 전까지 황제의 거처로 사용됐고, 이후에 베트남 민주공화국 간부가 사용했다. 왕궁 건물 중 가장 최근에 지어진 만큼 시설이 훌륭했다고 전해지지만, 베트남전쟁 때 폭격으로 파괴되었지만 복원되었다.

카이딘 황릉
The Tomb of Emperor Khai Dinhh

목가적인 푸른 언덕 위에 서 있는 위협적인 검은색 건물은 가장 인상적인 응우옌 왕조 무덤이다. 후에^{Hue}에서 남쪽으로 8km 떨어진 차우 추 마을에 있는 카이딘 황릉 능원 안으로 걸어 들어가면 만다린 경비병 석상의 차가운 시선이 뒷머리에 느껴진다. 본관으로 가면 반짝이는 스테인드글라스 천장 아래에 악명 높은 황제의 동상을 볼 수 있다.

카이딘^{Khai Dinhh}은 1916년부터 1925년까지 군림한 베트남의 끝에서 두 번째 황제였다. 국민들의 안녕에는 별로 관심이 없었던, 프랑스 식민지화의 앞잡이로 기억되지만 그의 무덤은 선왕들의 무덤보다 훨씬 더 아름다운 모습으로 남아 있다. 그 이유는 황제가 무덤을 건설하기 위해 무자비하게 세금을 올렸기 때문이다. 내부로 들어가면 거둬들인 세금으로 만들어낸 인상적인 결과물을 확인할 수 있다.

경내로 들어가 커다란 안뜰까지 조금만 올라가면 양 옆에 실물 크기의 석상이 늘어선 길이 중앙에 나 있다. 석상의 대부분

은 전통적인 베트남 경비병의 모습이 엿보이지만 자세히 보면 일부 석상은 유럽 군인의 외모와 군복 차림을 하고 있다.

계단을 계속 올라가다 보면 난간에 불을 내뿜는 용이 새겨져 있다. 많은 사람들이 가장 미움을 받은 황제에게 딱 어울리는 상징물이라고 평가받고 있다. 실제 무덤에 도착하여 어두운 색의 콘크리트 외관을 살펴보면 고딕 양식과 흡사하다. 내부에는 여러 가지 색깔을 아름답게 수놓은 반짝이는 유리 조각이 벽과 천장을 뒤덮

은 채색된 도자기 조각과 경이로운 대조를 이루고 있다. 모든 색의 향연의 중심에 카이딘Khai Dinh의 동상이 높다란 왕좌에 올라 앉아 있는데, 황제의 유골은 동상 아래 지하 18m 깊이에 묻혀 있다.

홈페이지_ www.vietnamtourism.com
주소_ Khái Dinh, Thúy Bàng, Huong Thúy,
　　　Thúa Thiên Hue
시간_ 7~17시 30분
요금_ 황궁 & 황릉 통합 입장권 360,000동
　　　(카이딘 황릉 입장권 100,000동)
전화_ 0234-3685-830

민망 황제릉
The Tomb of Emperor Minh Mang

후에Hue에서 약 12㎞ 떨어진 안방 마을An Bang Village에 있는 민망 황제릉The Tomb of Emperor Minh Mang에서 아름다운 정원과 대칭미가 돋보이는 건축물을 감상할 수 있다. 베트남 병사들의 조각상을 구경하고 잔잔한 호수 위로 아름답게 장식된 다리도 건너보자. 존경받는 민망 황제가 영면한 곳에서 매력적인 정원의 아름다운 다리를 건너보고 화려한 건물을 감상하며 평화로운 뜰을 거닐면서 천천히 옛 시절을 느낄 수 있다.

향 강Perfume River 서쪽 제방의 한적한 숲 속 깊은 곳까지 걸어가면 민망 황제릉이 모습을 드러낸다. 베트남에서 가장 존경받는 황제 중 한 명을 기리는 장엄한 곳이다. 민망 황제는 베트남 고립주의를 펼쳤지만 백성들의 어려움을 잘 헤아려서 황제가 재위하던 시절 황릉 건설 계획을 세웠지만, 공사가 착수된 직후인 1841년에 영면하는 바람에 후계자인 티에우치 황제가 완공했다.

민망 황제릉은 입구에 들어서면서부터 즐거움을 선사한다. 대지, 물, 하늘을 상징하는 무늬가 새겨진 3곳의 테라스에 올라가, 화려하게 장식된 3개의 철문에 도착하면 돌을 깎아 만든 병사들의 조각상이 보인다. 조각상에는 베트남 전통 의복을 입고 코끼리와 말 옆에 서서 전투를 기다리는 여러 병사의 모습이 묘사되어 있다. 정교한 용 모양의 난간으로 장식된 철문을 지나 묘지로 이어지는 정문은 1년에 단 한 번, 황제 사망일에만 열린다.

바로 옆에는 온전한 깨달음Impeccable Clarity을 얻었다는 호수에 지금은 어둡고 탁한 호수 위에 돌을 깎아 만든 다리가 3개 놓여 있다. 중앙에 있는 다리는 황제만 드나들 수 있는 곳인데, 민망 황제가 사망했을 때 단 한 번 사용되었다.

호수를 구경한 후에는 성안 사원Sung An Temple으로 향하면 사원 안으로 들어가 벽과 지붕을 수놓은 꽃무늬 부조도 감상해도 좋다. 사원 밖으로 나가 토착 관목과 식물을 심은 향기로운 정원에서 휴식을 취해도 좋다.

홈페이지_ www.vietnamtourism.com

주소_ QL 49, Huong Tho, Huong Trà, Trua Thiên Hue

시간_ 7~17시 30분

요금_ 황궁 & 황릉 통합 입장권 360,000동 (민망 황릉 입장권 100,000동)

전화_ 0234-3523-237

뜨득 황릉
The Tomb of Emperor Tu Duc

후에Hue에서 남쪽으로 5㎞ 거리에 있는 투옹 바 마을에 있는 뜨득Tu Duc 황제의 무덤이 있다. 황제의 거대한 비석 앞에서 경외감이 느껴질 수도 있다. 평화로운 루키엠 호숫가를 따라 산책하며 오솔길에 늘어선 아름다운 말과 코끼리 조각상을 감상해보자.

학자로도 유명한 뜨득Tu Duc은 응우옌 왕조의 네 번째 황제로 1848년부터 1883년까지 재위했다. 호화로운 무덤은 원래 그가 평화롭게 휴식을 취하며 학업에 열중할 수 있는 장소로 지어졌다. 고요한 공원을 거닐며 황제의 살아생전과 사후의 호화로운 휴식을 위한 공간으로 건축된 수십 개의 건물을 지었다.

우선 호숫가 주변 약 12ha 규모의 유적 단지를 둘러보면, 황제가 여름 동안 휴식을 취했던 장소가 두 곳 있다. 오른편의 나무로 둘러싸인 작은 섬은 황제가 작은 새들을 사냥하던 곳이고, 왼편의 낡은 정자는 명상을 하고 시를 낭송하기에 좋은 장소였다.

계속해서 거대한 능원에 다다를 때까지 탁한 녹색 빛을 띠는 물가를 따라 걸어가

자. 잠시 이곳에 들러 화려한 회색빛 파빌리온의 통로에 새겨진 코끼리와 말, 만다린 군인의 그림을 감상할 수 있다. 양쪽으로 나 있는 우뚝 솟은 아치형 입구를 통과하면 약 20ton 무게의 비석이 보인다. 뜨득Tu Duc이 직접 초안을 작성한 비문이 담겨 있다. 황제로서 그는 100명 이상의 부인을 거느렸으며 강제 노역을 지시했다. 그가 남긴 비문은 일생 동안 자신이 한 일부 행동에 대해 유감을 표하고 있다.

뜨득 황릉The Tomb of Emperor Tu Duc을 나서기 전에 작은 연못가에 자리한 회색 벽으로 둘러싸인 묘소 건물도 들러보자. 이곳은 실제로 황제가 묻힌 장소는 아니다. 도굴꾼으로부터 보호하기 위해 그의 시신과 막대한 재산은 비밀스런 장소에 매장되었다. 끔찍하게도 이 과정을 수행한 200명의 하인들은 즉시 참수되었다.

위치_ 후에 시내에서 QL 49 도로 따라 남서쪽으로 약 6㎞

주소_ 17/69 Lè Ngö Cát, Thúy Xuàn, Thành phö Hue

시간_ 7~17시 30분(충겸사 내 전통 공연 8시 30분 ~9시, 9시 15분~9시 45분, 10~10시 30분)

요금_ 황궁 & 황릉 통합 입장권 360,000동 (뜨득 황릉 입장권 100,000동)

전화_ 0234-3523-237

티엔무 사원
Tien Mu Pagoda

향 강Perfume River 북쪽 제방의 언덕에 있는 아름다운 티엔무 사원 안의 탑에서 멋진 팔각탑을 감상하고 미소 띤 얼굴의 거대한 부처상 앞에서 복을 기원하며 정자에 앉아 평온한 분위기를 느끼는 것을 추천한다. 길고 넓은 계단 위로 올라가면 사원 정면에 놓인 탑에 다다른다.

간략한 역사
17세기 초에 후에의 군주였던 응우옌 호앙이 하늘에서 내려온 여인의 계시를 받아 부처를 위한 사원을 만들었고 사원 이름을 '천녀'란 뜻의 '티엔무'라고 지었다고 전해진다. 사원은 건립된 후 왕권이 바뀌면서 수차례 개수 공사를 거쳤고, 푸옥디엔 탑은 1864년, 띠에우치 황제 때 개수 공사의 일환으로 세워졌다. 높이 21m의 푸옥디엔 탑은 7층 8각 구조로, 층마다 불상이 안치되어 있다. 베트남전쟁 중 사원 건물과 탑이 심한 손상을 입었지만, 30년의 복구 기간을 거쳐 지금의 모습을 갖추었다.

Feeling
탑 아래에 서는 순간 높이가 21m에 달하는 탑의 위용에 할 말을 잃게 되고, 올라갈수록 작아지는 각 층에는 장식 문구가 새겨져 있다. 그늘진 통로를 따라 걸으며 8변 모습의 탑은 1844년에 세워졌지만 사원은 1601년부터 이 자리를 지키고 있었다. 탑을 둘러본 뒤에는 양 옆에 놓인 작은 정자를 구경해 보자. 탑 오른쪽으로 보이는 방에 가면 거대한 대리석 거북이 등에 놓인 명판을 구경할 수 있다. 이 명판은 1715년에 제작되었다. 두 번째 정자에는 덜 독특하지만 명판 못지않게 거대한 종이 있다. 종이 울릴 때마다 10㎞ 밖에서도 소리를 들을 수 있다고 전해진다.

전설 속 부처 수호상 옆을 지나 걸어가 보면 수호신들이 보호하는 고대 사원이 나타난다. 안으로 들어가면 미소 띤 얼굴의 반짝이는 청동 부처상이 여러분을 기다리고 있고, 부처상 앞에 서면 복이 찾아온다고 한다. 바로 뒤편에는 과거, 현재, 미래의 부처를 묘사해 놓은 세 조각상이 더 있다.

한적한 정원 주변을 산책하고 정원에서는 시원한 그늘과 아름다운 열대 식물, 종교적 색채가 좀 더 짙은 조각상도 구경할 수 있다. 게다가 산책로를 따라 거닐거나 정원에서 뛰노는 이곳 원숭이들과 조우할 수도 있다.

위치_ 후에 도심에서 약 4㎞
주소_ Huong Hoa, Thành phö Hue, Trua Thiên Hue
시간_ 8~17시
전화_ 097-275-1556

탄 또안 다리
Than Toan Bridge

초목이 무성한 후에 서쪽의 시골 지역을 거쳐 하이킹을 하다 보면 운하 위에 아름답게 구부러져 있는 매력적인 탄 또안 다리에 도착한다. 후에의 분주한 거리를 벗어나 1700년대 이후 변하지 않고 남아 있는 전통적인 다리는 매력적인 지붕과 나무 장식을 가지고 있고 디자인에는 일본과 중국 건축 양식의 영향을 동시에 느낄 수 있다.

탄 또안 다리는 레 히엔 통 황제의 통치 기간이던 18세기 중엽에 지어졌다. 현지 주민들의 말에 따르면 황실 고관 부인의 명령에 의해 건립되었다고 한다. 근처 마을에서 자란 고관 부인은 기능적이면서도 아름다운 다리가 필요하다고 생각했다. 현재까지 기능성과 심미성을 모두 간직하고 있다.

다리는 도시에서 떨어진 탄 또안 마을 근처에 위치해 있으며 후에에서 동쪽으로 약 7㎞ 떨어져 있다. 택시를 이용할 수도 있고, 경치를 제대로 감상하고 싶다면 자전거를 빌려 강을 따라 오는 것도 좋다.

다리에 가까워지면 부드러운 곡선 모양으로 강에 걸쳐져 있는 모습이 보인다. 독특한 사각형 목재 아치가 곡선 모양을 형성하고 있다. 운하의 사면이 낮아 다리가 낮으면 배가 아래로 통과할 수 없기 때문에 가운데가 살짝 올라간 것이다. 다리의 둥근 목재 주탑과 기와지붕이 독특하고 매력적인 모습을 연출한다.

건너보면 다리가 얼마나 튼튼한지 알 수 있다. 다리가 건설된 이후 홍수와 태풍으로 인해 몇 차례 복구공사를 거쳐야 했지만 원래 사용된 목재 대부분이 여전히 다리를 지탱하고 있다. 수수한 장식들을 가까이에서 관찰해 보면, 중국어 경전이 새겨져 있고 화려한 도자기가 다리의 양쪽 입구를 장식하고 있다. 다리를 건너면서 위를 바라보면 지붕의 아래쪽에 있는 많은 도자기 장식을 볼 수 있다. 17m 길이의 다리 전체에 용, 거북이, 일각수, 봉황 등을 형상화한 도자기 장식이 있다.

***

위치_ 후에 시내에서 흐엉강을 따라 서쪽으로 6㎞
주소_ Làng Thanh Thúy Chánh, Phú Vang,
　　　　Thua Thien-Hue
시간_ 7시 30분~17시 30분
요금_ 탄 또안 박물관 입장료 20,000동
전화_ 012-0601-7296

골프는 멋진 교육을 주는 게임이다.
그 첫째는 자제,
즉 불운도 감수하는 미덕이다.

− 프란시스 위멧 −

골프에 있어
용기와 만용은 크게 다르다.
용기있는 샷은 결과가 어찌되든
그것 자체로 보수가 따른다.

- 아놀드 파마 -

Golf is an easy game that's just hard to play.
골프는 단지 치기 힘든 쉬운 게임이다.

Golf is a game in which the ball lies poorly and the players well.
골프는 나쁘게 놓인 공을 선수가 잘 치는 경기이다.

Mistakes are part of the golf game.
실수는 골프 경기의 일부이다.

Golf is like love affair. If you don't take it seriously, if it is not a fun. If you take it seriously, it will break your heart.

골프는 연애와 같다. 심각하게 받아들이지 않으면 재미가 없고, 심각하게 받아들이면 당신 가슴을 아프게 할 것이다.

대한민국만의
뉴 노멀, 골프 여행

코로나 시대에 외부에서 즐기는 골프는 코로나 시대의 대표적인 수혜 스포츠이다. 그러나 국내의 급격하게 상승하는 라운딩 비용은 그들에게 좌절과 분노를 부를 때가 있다. 추운 겨울에 따뜻한 동남아시아에서 즐기는 골프는 이미 골퍼들이 많이 가던 골프여행이었다. 하지만 최근에 늘어난 MZ세대부터 동남아의 인기 여행지인 베트남과 태국, 필리핀, 코타키나발루, 라오스에서 골프를 즐기려는 골프여행에 대한 관심이 늘어나고 있다.

뭔가 쉽고 가볍게 떠나는 색다른 골프 여행은 없을까? 어디론가 멀리 떠나고 싶기도 하지만 마음대로 휴가를 낼 수 있는 상황은 아니기에 직장인은 가까운 여행지를 선호한다. 게다가 코로나 시대에 급격하게 늘어난 골프 인구는 MZ세대의 유입으로 골프에 대한 인식을 바꾸고 있다. 동남아 여행도 골프와 휴양에 대한 여행에 관심이 높아지면서, 코로나 이후에 골프와 휴양이 어우러진 골프 휴양 여행을 원하고 있다.

동남아시아에서 골프 강국은 태국이다. 태국에서 200개나 넘는 골프장이 전국에 산재하고 있다. 그런데 절반 정도는 관리가 잘 안 되어 있는 골프장이 많다. 그러니 무작정 저렴하다고 골프장에 도착했다가는 실망하기 일쑤이다. 직접 라운딩을 해본 사람이 전해주는 정보가 필요하다. 베트남은 태국에 비해 골프장의 개수는 적지만 대부분의 골프장이 관리가 잘 되어 라운딩의 즐거움이 크다. 태국에 비해 비싼 라운딩 비용은 약한 점이지만 자주 프로모션을 하여 비용을 줄이는 방법을 사용하고 있다.

대한민국 골퍼들은 가격은 합리적이지만 페어웨이와 그린의 상태가 좋은 골프장에서 라운딩을 원한다. '무작정 저렴한 것이 좋다.'라고 생각하면 그 골프여행은 동반자와 의견 충돌이 일어나고 주변에 즐길 수 있는 볼거리나 먹거리가 없어서 고생하고 오는 경우가 많다. 반드시 사전에 골프장에 대해 알아보고 골프장이 어떤지 알고 출발하는 것이 좋다. 또한 주변에 어떤 관광지가 있는지 확인하는 것이 필요하다.

골프
잔디로 만들어진 홀로 이루어진 경기장에서, 정지된 작은 공을
골프채로 쳐서 살려내 조그만 구멍이 있는 홀에 넣는 경기

승자

각 홀마다 몇 개의 타수로 넣어야 하는 개수가 정해진 홀에 들어가기까지 걸린 타수가 적은 사람이 승자이다.

운영

경기는 1~18번 홀까지 차례로 타수가 정해진 규칙에 따라 클럽으로 공을 치면서 행해지는데, 공을 친 횟수가 적은 사람이 승자가 된다.

골프 코스 구성

전체 18홀의 경기를 1회전 경기로 구성하여 코스를 만드는데, 걷는 거리는 약 6㎞, 소요시간은 3시간 30분~4시간으로 구성한다. 1개의 홀은 티잉 그라운드^{Teeing Ground}, 스루 더 그린^{Through the Green}, 그린^{Green}, 해저드^{Hazard}의 4개 구역으로 구성되어 있다.

경기 방법

골프 경기는 규칙에 따라 연속적으로 볼을 쳐서 홀^{Hole}에 넣을 때까지 진행하는데, 크게 나누면 스트로크 플레이^{Stroke play}와 매치 플레이^{Match play}의 2가지가 있다.

ABOUT
골프

Da Nang

베트남 골프의 장점

엔데믹으로 가는 시기에 해외여행이 가능해졌지만 부쩍 올라간 항공요금은 해외여행을 망설이게 된다. 그런데 베트남은 늘어난 항공노선으로 요금은 2019년과 차이가 없다. 게다가 일부 공항에서 신속항원검사를 무료로 신속하게 해주기 때문에 검사를 받기 위해 필요한 추가적인 시간이 필요가 없어져 베트남으로 집중적으로 해외여행객이 늘어나고 있다.

다낭 공항에서 4~5시간 전에 도착해 신속항원검사를 받으면 10분 이내에 '음성'확인서를 받을 수 있다. 저렴한 항공요금과 무료로 진행해주는 신속항원검사는 다낭에 대한민국 관광객이 늘어나는 1등 공신이라 할 것이다.

하나투어 다낭 김OO 대표는 절반 정도는 골프여행객이라고 할 정도로 다낭의 골프여행이 늘어나고 있다고 말한다. 대한민

국에서 코로나시기에 야외에서 즐기는 골프 인구가 500만 명을 넘었다는 뉴스를 보았지만 실제로 겪어보니 골프의 인기를 실감하고 있다고 한다.

유튜버들도 골프에 관심이 늘어나고 있다. 다낭의 유튜버인 '다낭 레알스'는 하나투어와 함께 골프여행의 가이드 역할을 수행하고 있다. 최근에 골프를 배우면서 골프에 대한 알기 위해 노력중이라고 하면서 골프여행은 다른 느낌의 여행이라는 인식과 가이드이지만 쇼핑 같은 불필요한 문제가 없는 골프여행이 소비자와 공급자가 모두 만족스럽다고 했다.

그가 말하는 베트남 골프의 장점은 3가지 정도이다. 대한민국 보다 저렴한 골프장 비용이다. 베트남의 골프 라운딩 비용은 태국보다 비싼 경우가 있지만 지속적인 프로모션으로 저렴해지고 있어 경쟁력이 충분하다.

라운딩을 즐기면서 잘 관리된 잔디는 그린 위에서 직접 퍼팅을 해 보면 알 수 있다고 한다. 덧붙여 카트가 페어웨이 위로 이동 가능한 것도 색다른 경험을 가질 수 있다고 말한다.

2인이나 3인도 라운딩을 즐길 수 있고, 운이 좋다면 1인 라운딩도 가능하다고 한다. 2인 1 카트를 이용하고 개인마다 캐디가 직접 골퍼를 위해 따라다니며 도와주기 때문에 더 세심한 느낌을 받을 수 있다고 한다.

골프여행은 앞으로 지속적으로 찾는 여행자들이 많아질 것이다. 이에 500만 명이 넘는 골

프 인구는 너무 높아진 라운딩 비용으로 저렴한 동남아시아로 눈을 돌리고 있고, 베트남의 다낭은 골프여행자들이 쉽게 찾을 수 있는 대안의 성격을 띠고 있다. 다낭에서 한 달 살기 장기 여행자가 많아지고 그들은 골프를 즐기고 싶어 한다. 유튜버들도 관심을 가질 정도로 높아진 골프 인기를 다낭에서 경험하고 있다.

기원

가장 유력한 설은 고대 로마제국이 영국을 점령하고 스코틀랜드까지 정복하였을 때 군사들이 골프와 비슷한 놀이를 하던 것이 스코틀랜드에 남아 골프로 변형되었다는 설이다. 또한 스코틀랜드의 양치는 목동들이 지팡이로 돌을 쳐서 구멍에 넣던 것이 골프로 발전되었다는 설과 근대에 네덜란드에서 상인들이 하던 친목도모의 아이스하키와 비슷한 놀이가 스코틀랜드로 건너가서 골프로 변화되었다는 설이 있다.

대한민국으로 전파된 역사

우리나라 골프는 1900년에 조선에 파견된 영국인들이 원산 바닷가에 있는 세관 구내에 6홀의 코스를 만들어 경기를 했다고 전해진다. 1919년 5월 효창공원에 미국인 댄트Dant,H.E.가 설계한 9홀의 코스가 생기면서 골프를 외국인들이 즐기기 시작했다고 한다.

골프 코스

총 18개의 홀을 한 단위로 구성하는데, 1개의 홀은 4개 구역으로 구분하여 티잉 그라운드 Teeing Ground, 스루 더 그린Through the Green, 그린Green, 해저드Hazard로 구성되어 있다.

티잉 그라운드(Teeing Ground)
흔하게 골퍼들은 티Tee라고 부르는데, 각 홀의 출발구역이다.

스루 더 그린(Through the Green)
페어웨이와 러프를 합친 곳을 말한다.
페어웨이Fairway ㅣ 공을 치기 좋게 항상 잔디를 짧게 깍아 관리해 놓은 곳이다.
러프Roug ㅣ 페어웨이 이외의 의도적으로 정비를 하지 않아 다음 타구를 치기 어렵게 만든 구역으로 잡초나 수림, 관목 등으로 이루어진다.

하얀색 작은 차 왼쪽 짙은 초록색이 러프, 사람들이 서 있는 곳이 페어웨이이다.
가장 가까운 초록색 옆은 곳이 그린, 깃대가 있는 곳이 홀이다.
왼쪽에 연못이 워터 해저드고요

그린(Green)

잔디를 가장 짧게 깎아 만든 홀이 있는 구역으로 골프공이 매끄럽게 빠르게 굴러가도록 설계한다.

홀(Hole) 또는 컵(Cup)

각 홀을 경기하면서 마지막으로 퍼팅을 하여 골프공을 넣는 구멍을 만들어 1개의 홀을 끝내도록 골프 코스를 구성하였다. 잔디를 짧게 깎아 홀에 넣기 쉽게 만든 구역인 이 구멍은 직경 108mm로 정해져 있고, 홀 Hole 또는 컵Cup이라고 한다. 각 홀에는 멀리서도 위치를 알 수 있도록 깃대를 꽂아 둔다.

해저드(Hazard)

코스의 난이도를 높이기 위해 각 홀마다 설치한 장애물로 벙커와 워터해저드로 구성된다.

벙커(Bunker : 미국식 영어 Trap) 움푹 판 곳에 모래를 깔아서 볼을 칠 때에 탈출하기 어렵게 설계한다. 골프 기술이 발달하면서 탈출을 쉽게 하자 모래 위에 클럽을 놓을 수 없어 벙커를 탈출하기 더 어렵게 규칙을 만들었다.

워터해저드(Water hazard)

고랑이나 연못, 바다나 하천 등의 수역(水域)이다.

골프 채(클럽)

골프채는 기본적으로 풀 세트가 우드 1(드라이버), 3, 4, 5번, 아이언 3, 4, 5, 6, 7, 8, 9번, 피칭 웨지, 샌드웨지, 그리고 퍼터를 포함한 14개의 클럽으로 구성된다. 클럽의 하프 세트는 우드 1, 3번, 아이언 3, 5, 7, 9번, 샌드웨지(SW), 퍼터가 주로 이용된다.

우드 1(드라이버)

아이언

퍼터

골프 타수

파Par 티Tee를 출발하여 홀을 마치기까지의 정해진 기준 타수를 말한다. 보통 파 3, 4, 5홀로 구성된 타수를 기준 타수로 정하고 있다.

총 18개의 홀, 72타수를 기본 구성으로 파와 같은 수의 타수를 이븐 파Even Par라고 한다. 규정 타수보다 많은 타수를 오버 파Over Par, 규정 타수보다 적은 타수를 언더 파Under Par라고 말한다.

파 기준 타수	명칭
−3	앨버스트로 (albatross)
−2	이글 (eagle)
−1	버디 (birdy)
0	파 (pa)
+1	보기 (bogey)
+2	더블 보기 (double bogey)
+3	트리플 보기 (triple bogey)
+4	쿼드러플 보기 (quadruple bogey)

Da Nang
GOLF

다낭에는 현재 6개의 골프장이 있다. BRG 다낭, 바나힐, 호이아나, 빈펄, 몽고메리, 라구나 골프장으로 후에Hue에 있는 라구나 골프장이 이동에 1시간 30분 이상 소요되고 전장이 짧아 잘 찾지 않는다는 점을 생각하면 총 5개의 골프장이 다낭 지역에 있다고 볼 수 있다. 2019년에 베트남 골프코스 Top10에 포함이 된 골프장이 다수라고 홍보를 하지만 베트남에 현재 많지 않은 골프장이 있으므로 신빙성은 떨어진다.

Montgomerie Links Golf Course Da Nang

몽고메리 링크스 골프장

몽고메리 링크스 골프 클럽
Montgomerie Links Golf Club

다낭 골프 클럽과 동일하게 다낭 시내에서 약 13km가 떨어져 있는데, 차량으로 약 20~25분 정도 소요되는 다낭 시내에서 2번째로 가까운 골프장이다. 다낭 골프 클럽과 붙어 있어 마치 몽고메리 골프 클럽 18홀과 다낭 골프 클럽 36홀이 함께 있어 3일 동안 골프를 즐길 수 있는 코스라고 생각해도 된다. 다낭 골프 클럽과 마찬가지로 호이안Hoian에서도 자동차로 20분 거리여서 다낭이나 호이안Hoian에서 접근성이 뛰어나다고 생각하면 될 것이다.

다낭 골프 클럽이 다낭 방향으로 약 700m정도 떨어져 있는데, 이 2개의 골프장이 다낭에서 가장 오래되었다. 대한민국 골프 여행에서 가장 쉽게 예약을 하는 골프장이기도 하지만 무리하게 예약을 받아 대한민국처럼 티업 시간이 지연되거나 중간에 팀과 팀 사이에 끼워 넣기도 해 마찰이 발생하기도 한다.

2009년 영국의 유명 골퍼였던 콜린 몽고메리가 설계하여 스코틀랜드
링크스 코스를 모방해 마블산을 뒤로 보고 그 앞에 골프장, 그 앞에는
바다가 있다. 마치 해안에서 불어오는 바람을 뚫고 골프를 즐기는 스코
틀랜드 분위기를 극대화하기 위해 노력했다고 전해진다. 모래, 흙, 숲으
로 조성한 골프장은 링크스 코스를 자연을 파괴하지 않기 위해 노력하
여 모래 언덕과 지형을 고려해 만들었다.

개장 후 1년 후에는 미국 골프잡지에서 선정한 세계 최고의 골프장 Top 15에 뽑히기도 했다. 2014년에 클럽 선수권 대회, 주니어 첼린지 대회를 개최해 이름을 알리기 시작했다. 그이후로 66개의 빌라동을 지으면서 골프장과 리조트를 가진 골프장으로 이름을 알리기 시작했다. 18홀 코스와 드라이빙 레인지, 퍼팅, 숏게임 연습장으로 갖추고 있으나 야간 라운딩은 불가능하다.

몽고메리 골프장의 문제점

1 몽고메리 골프장은 '몽고메리'라는 유명 골퍼의 이름을 내걸고 운영하고 있다. 그런데 그에 걸맞지 않게 리셉션의 직원들은 의외로 친절하지 않다.

2 저렴한 가격을 무기로 대한민국 골퍼들이 많이 찾고 있지만 예약자들이 많을 때는 여지없이 운영의 미숙함을 드러낸다. 밀리는 플레이 시간도 문제지만 플레이하는 홀의 순서를 바꿔달라고 부탁하면서 앞, 뒤로 빈 홀에 무리하게 골프 팀을 넣어 플레이하도록 시키기도 한다.

3 중간 중간 보이는, 관리가 안 되어 있는 잔디들은 몽고메리 골프장의 이미지를 손상시키고 있다.

POINT 1

다낭 골프클럽과 동일하게 티업은 5시 30분부터 가능하고 1인 1캐디, 2인 1카트를 적용하고 있다. 벙커, 자연지형이나 조형물 등이 조화롭게 적용되어 있다. 마블산을 뒤로 하고 앞에는 다낭의 해안을 보도록 설계하였다. 홀을 지나면서 해안을 볼 수 있다.

POINT 2

전반 9홀에서 파3홀은 상대적으로 거리가 짧아 어렵지 않아 버디를 잡을 수 있는 홀이라 경계심이 떨어진 상태에서 후반 9홀을 맞이한다. 후반 9홀 중에서 파3홀은 벙커로 둘러싸여 심리적인 위압감이 있다. 또한 그린 뒤로 거리가 짧아 그린에 올리기가 쉽지 않다.

POINT 3

몽고메리 골프장은 페어웨이가 넓어 티샷은 어렵지 않지만 곳곳에 벙커가 많아 페어웨이에서 플레이를 어렵게 만들어버린다. 만약 티샷이 페어웨이를 벗어낫다면 모래가 숨겨진 러프가 많아 급격하게 타수가 늘어나게 되니 조심해야 한다.

POINT 4

다낭 골프 클럽에 비해 관리가 잘 안 되고 있다. 18홀 밖에 되지 않는 골프장에 대한민국 골퍼들이 많이 찾아서 문제인 건지 곳곳에 잔디 관리가 안 된 곳이 상당히 보인다. 다만 그린은 관리를 잘해 라운딩을 즐기기는 문제가 없다.

POINT 5

18홀이지만 전장은 긴 편이다. 어렵지 않은 골프장이기 때문에 보기 플레이어들이 좋아하는 데, 의외로 스코어가 나오지 않아 당황하기도 할 것이다. 파4홀도 거리가 길어 티샷에서 실수를 한다면 그린에 올리기가 쉽지 않은 홀들이 많다.

BRG DaNang Golf Resort

BRG 다낭 골프 리조트

BRG 다낭 골프 클럽
BRG Danang Golf Club

다낭 골프 클럽은 다낭 시내에서 약 13㎞가 떨어져 있는데, 차량으로 약 20~25분 정도 소요되는 다낭 시내에서 가장 가까운 골프장이다. 호이안Hoian에서도 자동차로 20분 거리여서 다낭이나 호이안Hoian에서 접근성이 뛰어나다고 생각하면 될 것이다. 뛰어난 접근성과 잘 관리된 골프장 상태로 다낭에서 가장 사랑받는 골프장이다.

호이안쪽으로 더 이동하면 몽고메리 골프 클럽도 약 700m정도 떨어져 있는데, 이 2개의 골프장이 다낭에서 가장 오래된 골프장이다. 오래되어도 약 10여년 정도라 다낭의 개발이 언제부터 이루어졌는지 생각해볼 수 있는 대목이다.

현재 사우디의 LIV를 창설해 미국 PGA와 마찰을 만든 장본인인 호주의 전설적인 골퍼, 백상어 그렉 노먼이 2010년에 디자인한 골프장으로 아시아 최초로 해안 지대 모래언덕에 지어진 스코틀랜드 스타일의 둔Dune 코스로 알려져 있다. 18홀이 약 7,160야드의 링크스 스타일로 지어졌다고 알려져 있다.

2010년에 아시아 골프 먼슬리 골프 전문지에서 아시아 태평양 베스트 골프장으로 선정되고, 미국 골프 매거진에서도 전 세계 Top 15의 골프 코스로 선정되기도 했다. 36홀, A(Dune Course), B(Ocean Course)의 일반적인 노먼 코스(Norman Course)와 C, D(Riverside Course)의 어려운 니클라우스 코스(Nicklaus Course)로 이루어져 있다. 드라이빙 레인지와 퍼팅, 숏 게임 연습장으로 갖추고 있으며 야간 라운딩도 가능하다.

POINT 1

티업은 5시 30분부터 가능하고 1인 1캐디, 2인 1카트를 적용하고 있다. 벙커, 자연지형이나 조형물 등이 조화롭게 적용되어 있다. 다낭의 해안을 볼 수 있는 10번 홀은 아름다운 전망과 함께 파3 홀에서 맞바람을 맞으면서 핀을 직접 공략하면 버디의 기회를 잡을 수 있을 것이다.

POINT 2

바다가 보이는 경치는 국내에서는 볼 수 없는 아름다운 장관을 보여준다. 숨겨진 해저드와 벙커가 각 홀마다 배치되어 있지만 골프를 치는 재미를 증가시켜준다.

POINT 3

페어웨이에서 샷이 정확하게 들어가지 않는다면 벙커와 모래가 숨겨진 러프가 많아 급격하게 타수가 늘어나게 되니 조심해야 한다.

POINT 4

공을 찍어 떼 짱을 뜯어내는 골퍼들은 캐디가 공을 친 후에 모래로 덮어서 페어웨이 관리가 상당히 잘되는 골프장이다. 또한 그린은 스피드가 빠르게 매일 스피드를 관리하고 있다.

POINT 5

36홀로 C, D는 니클라우스 코스로 해저드가 상당히 많고, 전장이 길어서 타수 관리가 힘들다. 그런 만큼 코스 매니지먼트가 중요하다. 대부분의 골퍼들은 A, B의 일반적인 코스에서 라운딩을 즐기지만 80대 타수를 유지하는 골퍼들은 C, D 코스를 추천한다.

BA NA HILLS
GOLF CLUB

바나힐 골프클럽

바나힐 컨트리 클럽
Banahill Gountry Club

| An Son, Hoa Ninh Ward, Hoa Vang District, Da Nang City, Vietnam
| 0236-3924-888

2017년도에 개장한 골프장으로 몽고메리나 다낭 골프 클럽에 비해 다낭의 인기가 올라가는 즈음에 만들어진 골프장이다. 다낭 골프 클럽과 몽고메리 골프 클럽은 호이안 방향의 해안에 위치해 있는 반면 바나힐 CC는 바나 산으로 올라가는 중턱에 있는 산으로 둘러싸인 골프장이다. 다낭 시내에서 약 25분 거리이기 때문에 대한민국 골퍼들이 가장 많이 찾는 골프장으로 알려져 있다. 18홀 코스와 드라이빙 레인지, 퍼팅, 숏 게임 연습장으로 갖추고 있으나 야간 라운딩은 불가능하다.

몽고메리(BRG 다낭) 골프 클럽과 바나힐 골프장을 비교하는 경우가 많다. 다른 환경에서 제공하는 골프 코스는 전혀 다르기 때문이다.

1. 해안 VS 산

다낭Danang에 있는 골프장들은 명문 골프장으로 관리가 잘 된 골프장은 다른 동남아시아 국가들의 골프장보다 비싼 편이다. 그러나 관리가 잘 되어 있고 다낭 시내에서 가까워 대한민국 골퍼들의 사랑을 받고 있다. 미케 비치의 해변과 함께 만들어진 몽고메리와 다낭 골프 클럽과 다르게 주변이 산으로 둘러싸여 있다.

2. 링크스 VS 오르막 지형

몽고메리와 다낭 골프 클럽이 링크스 코스에 비해 산 중턱에 만들어져 대한민국에서 골프를 즐기던 골퍼들에게 친숙함을 주어 대한민국 골퍼들에게 평점이 가장 높은 골프장이다.

3. 짧은 거리 VS 긴 거리

비교적 최근에 만들어진 바나힐 골프장은 다른 골프장에 비해 페어웨이가 넓은 편이지만 곳곳에 벙커와 러프를 배치하고 각 홀마다 거리를 길게 만들어 어렵게 코스를 관리한다. 또한 굴곡이 있는 코스는 스코어를 줄이기 어렵게 설계했다.

POINT 1

바나 산 중턱에 있어 유명한 관광지와 인접해 바나힐에서 1박을 한다면 골프와 놀이동산의 즐거움을 같이 할 수 있는 골프장이다. '코스 관리'에 최우선 정책을 편 덕에 페어웨이와 그린의 상태는 최고이다. 코스에서는 골퍼들이 코스공략에만 집중하도록 하고 있다.

POINT 2

오션 뷰나 트인 전망보다는 고산지대를 이용하여 아름다운 풍경이 탄성을 만든다. 시그니처 홀인 13번 홀은 밑으로 도그렉 홀에서 공략을 하면서 바라보는 풍경은 아름다워 플레이를 잠시 멈추고 사진을 찍는 시간을 제공하고 있다.

POINT 3

페어웨이가 넓다고 스코어가 잘
나온다고 생각하면 금물이다. 다
양한 코스를 제공해 코스 메니지
먼트를 하면서 골프를 즐겨야 하
기 때문에 싱글 골퍼에게 더욱
사랑받는 골프장이다. 가파른 경
사와 비교적 긴 전장으로 18홀
전체가 약 7800야드^{yard}를 가지고
있기 때문에 장타를 쳐야하며 티
샷이 정확해야만 세컷 샷을 잘
필 수 있도록 설계하고 2온$^{Two On}$
을 하여 좋은 스코어를 만들 수
있다.

POINT 4

차원이 다른 벙커는 혀를 내두른다. 그린 주변에는 무려 8개나 되는 벙커가 있는데 높고 정확하지 않으면 벙커로 미끄러지기 때문에 다양한 코스 전략을 세워야 한다. 그래서 싱글 골퍼들이 더 좋아한다는 말이 나오는 이유일 것이다.

POINT 5

단점으로 3,100,000동이라는 비싼 가격을 형성했지만 여행사에서 상품으로 판매할 때는 1,980,000정도의 가격으로 여행사를 통해 예약을 하는 시스템으로 만들어져 있다. 다만 평일 가격과 주말 가격을 똑같이 받고 있다.

Hoiana Country Club

호이아나 컨트리 클럽

호이아나 컨트리 클럽
Hoiana Country Club

호이아나 컨트리 클럽^{Hoiana Country Club}은 골프 예능 프로그램에 소개가 되고 있는 2019년에 개장한 아름답고 관리 상태가 좋은 골프장이다. 다낭 시내에서는 39㎞나 떨어져 있어서 다낭에 머무는 골퍼들은 이동하는 시간이 1시간 이상 족히 걸린다. 다낭 시내에서 차량으로 약 45~55분 정도 소요되기 때문에 빈펄 골프장과 함께 가장 멀리 떨어진 골프장이다. 호이안^{Hoian}에서도 자동차로 20분 거리여서 호이안^{Hoian}에서 접근성이 뛰어나다고 생각하면 될 것이다. 하지만 몽고메리, 다낭 골프 클럽보다 더 잘 관리된 골프장 상태로 엔데믹 이후에 가장 관심이 높아진 골프장이다.

호이안Hoian 바다의 해안선을 따라 건설된 링크스 골프 코스로 몽고메리, 다낭 골프 클럽과 같은 링크스 코스이기 때문에 다른 점이 없다고 생각할 수 있지만 한번 라운딩을 해본다면 완전히 다른 골프장이라는 사실을 알 수 있다.

설계자는 미국의 유명한 링크스 코스 전문 디자이너인 로버트 트렌드 존 주니어 2세Robert Trent Jones Jr.II라고 한다. 설계자는 목적으로 장엄한 대자연에 대한 도전과 자연 그대로의 코스에 일치되면서 얻는 기쁨을 표현하고 싶었다고 나온다. 그만큼 기존의 코스와는 다

로버트 트렌드 존 주니어 2세

로버트 트렌트 존은 40여 개국에 280여개의 골프코스를 설계했고, 대한민국에는 레인보우힐스(Rainbowhill), 스카이힐 제주 등을 설계한 링크스코스 전문 디자이너이다. 링크스 코스가 가진 그 느낌을 유지하도록 코스를 설계하기 위해 지형을 최대한 손상하지 않고 있는 그대로의 지형을 살리는 것이 포인트라고 말한다. 친환경을 위해 코스 내의 표지판이나 홀 표시 등을 자연 그대로를 사용한다.

른 링크스 코스의 원조인 스코틀랜드를 그대로 표
현하고 싶었다는 이야기이다.

호이아나 컨트리 클럽^{Hoiana Country Club}은 다낭에서는
멀리 떨어져 있지만 호이안^{Hoian}에서 약 15~20분 정
도 떨어져 있다. 그래서 호이안에 있는 골프장으로
빈펄 골프 클럽&리조트와 호이아나 골프 클럽을 이
야기하는 것이 더 좋을 수도 있다.

근처에 5분 정도의 거리에 빈펄 남호이안 리조트와
함께 거대한 놀이동산과 리조트, 카지노를 연계한
여행 상품으로 개발될 가능성이 높다. 호이안 올드
타운이 약 15분 정도의 거리이기 때문에 골프를 즐
기고 나서 저녁에는 아름다운 호이안에서 야경을
감상할 수 있다는 것도 장점이다.

카터 & 캐디

카트(Carts)는 2인 1승으로 골퍼들이 직접 운전하고, 캐디는 뒤에 선채로 탑승해 함께 이동한다. 페어웨이 안으로 진입이 가능하다는 점은 다낭의 다른 골프장과 비슷하나 페어웨이 대부분이 진입이 가능해 더욱 자유롭게 이동이 가능하다는 장점이 있다.

또한 골퍼들이 원하는 것을 간파하는 캐디들이 2인씩 다른 팀들이 같이 골프를 즐기다가도 1인 라운딩을 원하면 같이 라운딩을 즐기다가, 뒤 시간이 빈 시간을 찾아 1인 라운딩도 가능하도록 배려하고 있다.

침목

홀과 홀 사이에는 작은 길을 침목으로 만들어 놓았다. 태양 빛으로 달궈진 검은 침목에서 배어나오는 냄새가 있다. 힘이 들 때는 더 더운 열기를 내뿜는 듯하고 버디나 파를 하여 기분이 좋을 때는 특유의 내음이 나기도 한다.

POINT 1

대한민국 대부분의 골프장들은 티업 시간간격이 7분으로 짧다. 홀마다 라운딩 시간이 길어지면 "저희 늦었어요!"라면서 빨리 앞 팀을 따라가야 한다고 말한다. 그래서 여유롭게 라운딩을 즐기는 것을 '대통령 골프' 라고 부르기도 한다. 그런데 호이아나 CC는 15분 간격의 넉넉한 티업시간을 누구에게나 제공하기 때문에 여유로운 골프를 누구나 즐기도록 보장한다. 또한 전반 9홀을 즐기고 난 후, 다낭의 다른 골프장에는 없는 그늘집에서 식사를 하거나 음료를 마시고 쉴 시간을 보장해준다. 때문에 언제나 여유롭게 즐기고 동반자와 이야기를 나누며 즐거운 골프를 보장해주고 있다.

POINT 2

시그니처 홀이 환상적이다. 파4 홀인 15번과 16번 홀은 바다를 직접 마주하면서 골프를 즐긴다. 가끔 아름다운 해안, 바로 옆에서 바다 바람을 맞으면 즐기는 골프의 한 장면을 TV에서 볼 수 있다. 그 기쁨을 호이아나^{Hoiana}가 제공하고 있다.

15번 홀은 도전의 욕구를 캐디들이 이야기하면서 시작하는데, 세컷샷부터 그린 뒤의 바다가 보인다. 그린에 올라가면 그린 뒤로 바다가 보이는 것이 아니라 펼쳐진다. 16번 홀은 티샷부터 그린까지 모든 홀이 해안과 붙어 있다. 벙커도 해안의 모래를 그대로 벙커로 사용하고 있다. 만약 벙커로 빠졌다면 빠져나오기가 쉽지 않을 것이다. 마지막 18홀은 바다를 접하여 해안의 모래 언덕 위에서 티샷을 시작한다.

핸디캡 1번 홀은 4번 홀이다. 425m의 긴 전장의 파 4홀로 이름도 '딜레마' 홀이라고 부른다. 다만 페어웨이에만 골프공을 놓을 수 있다면 파 세이브가 문제가 되지는 않을 것이다.

POINT 3

'제온 조이시아Zeon Zoysia'라는 신품종 잔디는 병충해에 강하고 농약이나 화학비료를 적게 쓰는 잔디로 환경 보호차원에서 주목을 받고 있다. 로버트 트렌트 존은 더위에 매우 강한 특징을 지닌 신품종으로 물을 적게 사용해서 지면에 딱 붙는 '버뮤다나 페스큐' 등의 일반적인 양 잔디보다 밀도가 촘촘하다. 2016년 리우 올림픽이 열렸던 올림픽 골프장에도 이 잔디가 식재되었다고 한다.

POINT 4

딱딱한 코스 상태를 유지하기 때문에 페어웨이에 떨어진 공은 많이 튀고 많이 굴러간다. 스코틀랜드에서 골프를 즐긴다면 링크스 코스의 특징이라 할 티샷이 떨어져 높이 튀기고 굴림이 상당하다. 2, 3번째로 그린 위로 올리려고 하면 깃대를 목표로 하기보다 그린 앞쪽에 떨어뜨리는 코스 메니지먼트를 선택하는 것이 좋다.

VINPEARL
GOLF NAM HOI AN

빈펄 골프 남 호이 안

빈펄 컨트리 클럽
Vinpearl Golf Club

2018년도에 18홀, 파72로 개장한 빈펄 골프장은 전장이 7,011야드로 길이가 적당하다. 다낭 시내에서 70~80분 거리에 있고 호이안^{Hoain}에서는 20분 정도 소요된다. 다낭 시내에서는 멀기 때문에 호이안이나 빈펄 리조트에 숙소를 잡고 호이아나 CC와 같이 이용하는 것이 효율적이다.

IMG가 설계한 국제 규격의 골프장은 남호이안 해변에 위치해 있다. 평지로 구성된 코스는 초보 골퍼들이 좋아하는 페어웨이가 넓은 골프장이다. 18홀 기준으로 여러 홀에서 바다를 볼 수 있어 가슴이 뻥하고 뚫리는 느낌이다.

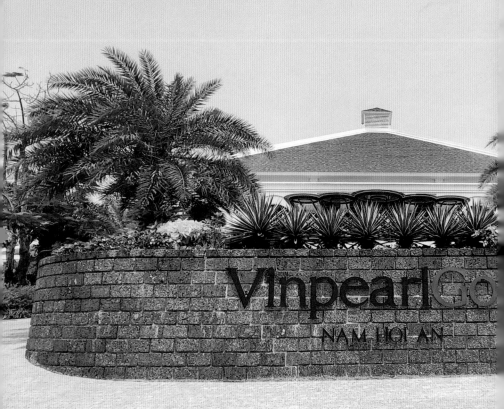

페어웨이가 넓고 평지로 구성
되어 쉽다고 느낄 수도 있지만
곳곳에 벙커를 만들어 무작정
쉽다는 인식은 들지 않는다.

클럽 하우스에 들어설 때부터
빈펄Vinpearl만의 디자인이 보이
고 클럽 하우스를 나가면 보이
는 정면의 물을 보면 시원하다
는 생각을 하게 된다. 라커룸

은 다낭 골프장 중에 가장 호화스럽게 꾸며 놓아 샤워용품과 자쿠지까지 골프를 끝내고도
즐길 거리를 만들어 놓았다. 18홀 코스와 퍼팅, 숏 게임 연습장으로 갖추고 있으나 야간 라
운딩은 불가능하다.

라커룸 풍경

빈펄 컨트리클럽과 인접한 호이아나 CC를 비교하는 경우가 많다. 다른 환경에서 제공하는 골프 코스는 전혀 다르기 때문이다.

1. 상급 난이도 VS 초급 난이도

호이아나는 링크스 전문 코스로 페어웨이가 넓다고 느낄 수 있지만 난이도 높은 벙커와 티샷을 하면 떨어지는 랜딩Landing Zone에는 페어웨이를 좁게 만들어 티샷 실수로 상당히 힘든 라운딩을 하게 만들어놓았다. 이에 비해 빈펄 컨트리클럽은 평지에 페어웨이 자체가 넓어서 티샷을 실수해도 세컨샷에 영향을 미치는 경우도 적다.

2. 링크스 VS 평지

스코틀랜드 분위기의 전문 링크스 코스는 대한민국 골퍼들이 만나보기 힘들어 상급 수준의 골퍼들도 실수를 많이 하게 된다. 하지만 빈펄 골프장은 누구나 즐길 수 있는 골프장으로 설계해 평지를 활용해 만들어 놓은 코스가 인상적이다. 또한 잔디관리가 잘 되어 골프의 매력을 느끼게 만들 수 있는 골프장이다.

인터뷰

다낭의 골프장에 메일을 보내고 메일의 반응이 없던 골프장에는 직접 찾아가 인터뷰도 하려고 했다. 이때 가장 먼저 호의적인 곳이 빈펄 컨트리클럽이었다. 메니저들은 골프장에 필요한 업무를 하느라고 바빴지만 Vo Thi Ngoc Tran은 다낭과 호이안에 위치한 골프장에 대해 상당히 자세하게 설명해 주었고 빈펄 골프장이 지향하는 점이 가족골프를 활성화시키고 싶은 점을 18홀 코스에 반영해 놓았다고 알려주었다.

POINT 1

빈펄 남호이안 리조트와 놀이동산과 같이 조성된 골프장은 빈펄 리조트에서 1박을 한다면
골프와 놀이동산의 즐거움을 같이 할 수 있는 골프장이다. '코스 관리'에 최우선 정책을 편
덕에 페어웨이와 그린의 상태는 최고이다. 가족단위 고객들을 위해 골프장을 초급자에게
접하기 쉽게 만들어놓았다.

POINT 2

남호이안에서 보는 바다 전망이 골프장에서 똑같이 볼 수 있도록 조성되었다. 대한민국의 골프장이 아무리 바다와 접해 있어도 1~2개 홀에서만 바다를 멀리서 볼 수 있는 것과 다르게 남호이안의 해안을 보면서 즐기는 골프는 상당히 매력적으로 다가온다.

POINT 3

페어웨이가 넓다고 스코어가 잘 나온다고 생각하면 금물이다. 다양한 코스를 제공해 코스 메니지먼트를 하면서 골프를 즐겨야 하기 때문에 의외의 느낌이 많게 만든 골프장이다. 가족 누구나 즐길 수 있지만 상급 골퍼들이 지루하지 않도록 설계해 놓았다.

POINT 4

단점으로 2,800,000동이라는 비싼 가격을 형성했지만 여행사에서 상품으로 판매할 때는 1,800,000정도의 가격으로 여행사를 통해 예약을 하는 시스템으로 만들어져 있다. 다만 평일 가격과 주말 가격을 똑같이 받고 있다.

조대현

현재 스페인에 거주하면서 63개국, 198개 도시 이상을 여행하면서 강의와 여행 컨설팅, 잡지 등의 칼럼을 쓰고 있다. MBC TV특강 2회 출연(새로운 나를 찾아가는 여행, 자녀와 함께 하는 여행)과 꽃보다 청춘 아이슬란드에 아이슬란드 링로드가 나오면서 인기를 얻었고, 다양한 강의로 인기를 높이고 있으며 "해시태그" 여행시리즈를 집필하고 있다.

저서로 아이슬란드, 모로코, 가고시마, 발트 3국, 블라디보스토크, 조지아, 폴란드 등이 출간되었고 이탈리아, 오스트리아, 프랑스, 스페인 북부 등이 발간될 예정이다.

폴라 http://naver.me/xPEdID2t

Đặng Hoàng Yến Nhi | 어드바이저

나트랑에 살면서 여행을 좋아하고 미식가로 살아왔다. 달랏을 가장 좋아하여 자주 여행하면서 달랏의 다양한 음식과 풍경에 사로잡혔다.

해시태그 나트랑 & 무이네, 달랏에서 나트랑(Nha Trang)과 달랏(Dalat)에 대한 맛집을 찾아 알려주었고 조언을 아끼지 않았다.

다낭 & 골프

인쇄 l 2024년 1월 17일
발행 l 2024년 2월 7일

글 l 조대현
사진 l 조대현
펴낸곳 l 해시태그출판사
편집·교정 l 박수미
디자인 l 서희정

주소 l 서울시 강서구 허준로 175
이메일 l mlove9@naver.com

979-11-985989-3-6(03920)

※ 일러두기 : 본 도서의 지명은 현지인의 발음에 의거하여 표기하였습니다.